观察

不带评论的观察是人类智力的最高形式。

感受

体会和表达感受能更好地与他人建立连结。

需要

感受源自我们如何看待他人的言行以及我们当时的需要和期待。

请求

使用正向具体的语言提出请求。

扫码即可获得

最全面的感受和需要词汇

1

我相信,由衷的相互给予是我们天性所乐见的。

——《非暴力沟通》(修订版)

记录你的非暴力沟通　　今日

Nonviolent Communication 非暴力沟通

2

观察
不带评论的观察是人类智力的最高形式。

表达自己
我看到或听到……

倾听对方
你看到或听到……

复盘一下你本周做出的观察吧。

今天你的非暴力沟通希望记录下什么呢?

Nonviolent Communication 非暴力沟通

3

别人通过我们的话语来了解我们,因为话语传述了我们对生命的看法和自我的本质。我们说话的方式可能开启或关闭一扇门,带来疗愈或伤害,创造愉悦或痛苦,最终将决定我们幸福的程度。

——《用非暴力沟通化解冲突》

将你的非暴力沟通时刻记录下来吧!

Nonviolent Communication 非暴力沟通

尽管我们可能并不认为自己的说话方式是"暴力"的,但我们的言语却时常引发他人或自己的痛苦。

——《非暴力沟通》(修订版)

记录你的非暴力沟通　　今日

Nonviolent Communication 非暴力沟通

5

非暴力沟通认为,所有辱骂都是那些需要没有得到满足时的极为可怜的表达方式。当辱骂发生时,非暴力沟通者会问自己:"辱骂者是有什么需要没有得到满足吗?"可悲的是,辱骂者不知道,除了辱骂,还有什么其他的方法能更好地表达自己的需要。

——《非暴力沟通·两性篇》

今天你的非暴力沟通希望记录下什么呢?

Nonviolent Communication 非暴力沟通

非暴力沟通是一种语言及体现这种沟通方法上、让我们即使在逆境中，也能保持对自己和他人的爱。

——《非暴力沟通》（修订版）

Nonviolent Communication 非暴力沟通

якак你的非暴力沟通时刻记得下来吧！

幼儿对话教育者身边的万物沟通，差在用非暴力沟通周期开关身边。它规范如何用非暴力沟通来改善非暴力的沟通问题；我们内心为什么会下存在什么样的策略呢？我们可以做些什么来发展更美好？

——《用非暴力沟通化解冲突》

Nonviolent Communication 非暴力沟通

让爱你的非暴力沟通　今日

8

我们为自己定制了标准，实际上，人们没有准则满足，其实是在提醒他们一些重要没有得到满足，并通常借到我们的帮助。

——《非暴力沟通》（修订版）

Nonviolent Communication 非暴力沟通

今天你的非暴力沟通亲密花差了什么呢？

尊重

尊重和接纳差异,才能与他人建立连接。

看看每一个你未闻过名的女明星吧。

> 我懂了……
>
> 新感悟……

Nonviolent Communication 非暴力沟通

将你的非暴力沟通时刻记录下来吧!

我更喜欢那种扎实的信念：生命上的快活与愉快的享受并不在于场地和财富，而在于心境。

如果你能使你的精神开朗起来，那么什么也能使你有用处。你得相信，你不会有什么担忧未来不能够是我最大的乐趣，你会让你不能通过自满提高的事情更能够办什么了。

——《非普通幻觉·情感篇》

10

花菜花的非暴力沟通　今日

Nonviolent Communication 非暴力沟通

一旦我们能清楚地看到我真实的东西——包括我们自己的人和别人的人——我们就有能力做出正确的选择。

——《非暴力沟通》（修订版）

Nonviolent Communication 非暴力沟通

今天你的非暴力沟通练习是什么呢?

我能把握太多这里,却单一个人才能称为"孩子"。我们对他事物所持有的关切,那"该子"间就是我们的。

——《非暴力沟通·亲有赵》

Nonviolent Communication 非暴力沟通

将你的非暴力沟通时刻记录下来吧!

幼儿人际关系能力指他们在复杂的环境中独立、和谐地与他们接触、合作并拥有朋友的能力。为此，我们应在他们还没有运用非言语沟通的能力之前，也就是在他说话很少时进行教育。

—— 《非言语沟通》（修订版）

13

花柔柳弱非明媚，方知道　今日

14

用非暴力沟通处理我们的愤怒的第一步,是要意识到,刺激或者触发我们愤怒的事情本身并不是让我们愤怒的原因。也就是说,并不单纯是因为有人做了些什么让我们愤怒,而是我们内在有什么刺激源对此人的行为做出了反应,这才是愤怒的真正原因。这就需要我们区别刺激源与原因。

——《非暴力沟通·情绪篇》

今天你的非暴力沟通希望记录下什么呢?

Nonviolent Communication 非暴力沟通

15

非暴力沟通意在提醒我们早已知道的:人与人之间相互连结是人类的天性。非暴力沟通以一种具体的方式帮助我们活出天性。

——《非暴力沟通》(修订版)

将你的非暴力沟通时刻记录下来吧!

Nonviolent Communication 非暴力沟通

16

需要 感受源自我们如何看待他人的言行以及我们当时的需要和期待。

表达自己
因为我需要或看重……

复盘一下你本周找到的需要吧。

倾听对方
因为你需要或看重……

记录你的非暴力沟通　　今日

Nonvolent Communication 非暴力沟通

17

　　向和平的转化从调整自己的心态开始，作用于看待自己和他人的视角，以及满足自己需要的方式。这需要极大的坦诚和开放，学会以另一种方式来表达，克服以前根深蒂固的认识，不再强调评判、恐吓、义务、责任、惩罚或奖励、羞耻。

——《用非暴力沟通化解冲突》

今天你的非暴力沟通希望记录下什么呢?

Nonviolent Communication 非暴力沟通

18

非暴力沟通帮助我们重新构建表达自己和聆听他人的方式,使我们的言语不再只是出于习惯的自动化反应,而是牢固地建立在觉察感受和需要的基础上,做出有意识的回应。

——《非暴力沟通》(修订版)

将你的非暴力沟通时刻记录下来吧!

Nonviolent Communication 非暴力沟通

19

非暴力沟通表达发自内心的感激的三个要素是:

1. 我们需要很明确地知道对方做了什么让我们想要感激;
2. 我们的感受;
3. 这让我们的哪些需要得到了满足。

——《非暴力沟通·两性篇》

记录你的非暴力沟通　　今日

Nonviolent Communication 非暴力沟通

20

当面对别人的评判或指责时,我们通常报之以防卫、回避或攻击。而一旦我们将注意力聚焦在彼此的观察、感受和需要上,而不是去诊断和评判,我们就能发现内心深处的善意。

——《非暴力沟通》(修订版)

今天你的非暴力沟通希望记录下什么呢?

Nonviolent Communication 非暴力沟通

21

非暴力沟通中所蕴含的精神,与其说是帮助人类与神圣相连接,不如说是源自创造我们的神圣能量,我们与生俱来的愿意服务生命的力量。让我们与我们的内在生命相连接,并与他人的内在生命相连接,这是一个鲜活的过程。

——《用非暴力沟通化解冲突》

将你的非暴力沟通时刻记录下来吧!

Nonviolent Communication 非暴力沟通

22

我们可以问自己,是否更多地将关注放在了"正确"运用流程上,而没有用心和眼前的人连结。又或许,我们虽然使用非暴力沟通的形式,但真正想要的却是改变他人的行为。

——《非暴力沟通》(修订版)

记录你的非暴力沟通　　今日

Nonviolent Communication 非暴力沟通

23

请求　使用正向具体的语言提出请求。

表达自己
我可以试试……吗?

复盘一下你本周提出的请求吧。

倾听对方
你愿意试试……吗?

今天你的非暴力沟通希望记录下什么呢?

Nonviolent Communication 非暴力沟通

24

　　如果用与非暴力沟通一致的原理来管理愤怒，我们必须意识到：我有这种感觉，是因为我告诉了自己一些有关他人行为的想法，暗示其他人的做法是错误的。这些想法的形式类似于："我认为那家伙很自私、很无礼，而他不该这样。"这些想法或直接或间接地对其他人做出了评判。

——《非暴力沟通·情绪篇》

将你的非暴力沟通时刻记录下来吧!

Nonviolent Communication 非暴力沟通

25

当我们持续关注他人的内心世界时,便让他人有了机会充分探索和表达自己。

——《非暴力沟通》(修订版)

记录你的非暴力沟通　　今日

Nonvioent Communication 非暴力沟通

26

任何时候，只要目的是要他人以某种特定方式行事，无论我们的请求是什么，人们都倾向于反抗。2 岁也好，92 岁也好，似乎都是这样。

——《非暴力沟通·养育篇》

今天你的非暴力沟通希望记录下什么呢?

Nonviolent Communication 非暴力沟通

27

有时，我们会发现，即使做出了努力，也无法或不想同理他人，这通常表明我们自己并没有得到足够的同理。

——《非暴力沟通》（修订版）

将你的非暴力沟通时刻记录下来吧!

Nonviolent Communication 非暴力沟通

28

愤怒时,我们对于其他人做出的会导致自己生气的评判,是对自己需要的扭曲的表达。我们不会在心中认真思考,去体会究竟自己有哪些需要没有得到满足,而是直接把自己的关注点放在评判其他人做错了什么上,使得自己的需要没有机会得到满足。

——《非暴力沟通·情绪篇》

记录你的非暴力沟通　　今日

Nonviolent Communication 非暴力沟通

29

随着旧有的反应模式被非暴力沟通所取代，我们便能以一种全新的眼光来看待自己和他人，并且对自己的初心和人际关系保有觉察，进而抗拒、防御和暴力的回应得以减轻或减少。

——《非暴力沟通》（修订版）

今天你的非暴力沟通希望记录下什么呢?

Nonviolent Communication 非暴力沟通

30

观察

不带评论的观察是人类智力的最高形式。

表达自己
我看到或听到……

倾听对方
你看到或听到……

复盘一下你本周做出的观察吧。

将你的非暴力沟通时刻记录下来吧!

Nonviolent Communication 非暴力沟通

31

非暴力沟通是思想和语言的结合,同时也是一种有意识地使用力量的方法,用来服务于某个特定的目标。这一目标就是要与他人、与自己建立有品质的连接,让慈悲的给予能够发生。所有的行为都只为了唯一的目的,就是为自己和他人的幸福作出贡献。

——《用非暴力沟通化解冲突》

记录你的非暴力沟通　　今日

Nonvolent Communication 非暴力沟通

    通过强调深度聆听自己和他人,非暴力沟通能够培育我们对他人的尊重、觉察与同理心,并愿意发自内心地相互给予。

——《非暴力沟通》(修订版)

今天你的非暴力沟通希望记录下什么呢?

Nonviolent Communication 非暴力沟通

我们确实不需要对其他人的感受负责,但我们不能通过说出类似"我不需要对你的感受负责"这样的话来继续刺激他们。我们可以单纯地去倾听对方的感受,而不失去自我中心。倾听他们需要什么,给予他们同理心,但并不一定非要去做他们希望我们做的事情。

——《非暴力沟通·两性篇》

将你的非暴力沟通时刻记录下来吧!

Nonviolent Communication 非暴力沟通

在一个更深的层面,非暴力沟通是持续的提醒,让我们更好地专注于自己的生命意义和方向。

——《非暴力沟通》(修订版)

记录你的非暴力沟通　　今日

Nonvolent Communication 非暴力沟通

    非暴力沟通的主要目的是与他人建立连接，用的是一种能够给予发生的方式：慈悲的给予。因为我们的给予是由衷的、发自内心的。我们服务自己或他人，不是出于责任或义务，不是出于害怕惩罚或期待奖励，不是出于内疚或羞耻，而是出于人类的天性。

——《用非暴力沟通化解冲突》

今天你的非暴力沟通希望记录下什么呢?

Nonviolent Communication 非暴力沟通

5

"你越是忠实地聆听自己内心的声音,就越能听到外面的世界。"(联合国前秘书长达格·哈马舍尔德)

——《非暴力沟通》(修订版)

将你的非暴力沟通时刻记录下来吧!

Nonviolent Communication 非暴力沟通

| 感受 | 体会和表达感受能更好地与他人建立连结。|

我感到……

复盘一下你本周体会到的感受吧。

倾听对方

你感到……

记录你的非暴力沟通　　今日

Nonviolent Communication 非暴力沟通

2015年2月7日
马歇尔·卢森堡博士逝世

　　使用非暴力沟通时，考虑人们是出于什么样的原因愿意按照我们喜欢的方式来做，这十分重要！因为最终真正做这些事情的是他们。所以，我们真正想要的，是人们心甘情愿地这样做，而不是因为他们认为自己不这么做就会受到惩罚，受到责备，"良心会受到谴责"，或者会被人羞辱。

——《非暴力沟通·情绪篇》

今天你的非暴力沟通希望记录下什么呢?

Nonviolent Communication 非暴力沟通

8

如果我们能坦诚并且不带指责地谈论自己的痛苦，即使对方也处于苦痛之中，有时也能够听见我们的需要。

——《非暴力沟通》（修订版）

将你的非暴力沟通时刻记录下来吧!

Nonviolent Communication 非暴力沟通

只要感到对要做的事没有选择的自由,人们都倾向于反抗,即便他们能体会到我们提出请求的用意,即便他们自己通常也会想要这样做。

——《非暴力沟通·养育篇》

记录你的非暴力沟通　　今日

Nonviolent Communication 非暴力沟通

10

　　一种选择是以非暴力的方式来呐喊——"非暴力呐喊",提醒他人注意我在当下的痛苦和迫切的需要。

——《非暴力沟通》(修订版)

今天你的非暴力沟通希望记录下什么呢?

Nonviolent Communication 非暴力沟通

积累需要的词汇,增强对需要的意识。使用更多的可以表达我们需要的词汇,我们就能够更容易地碰触到那些隐藏在我们愤怒评判背后的需要。

——《非暴力沟通·情绪篇》

将你的非暴力沟通时刻记录下来吧!

Nonviolent Communication 非暴力沟通

12

非暴力沟通作为一种训练注意力的方式,可以让我们把注意力放在真正要去的地方。

——《非暴力沟通》(修订版)

记录你的非暴力沟通　　今日

Nonviolent Communication 非暴力沟通

13

需要

感受源自我们如何看待他人的言行以及我们当时的需要和期待。

表达自己
因为我需要或看重……

复盘一下你本周找到的需要吧。

倾听对方
因为你需要或看重……

今天你的非暴力沟通希望记录下什么呢?

Nonviolent Communication 非暴力沟通

14

在非暴力沟通中,我们要诚实,但我们要在诚实的同时不使用含有错误、批评、侮辱、评论或心理诊断意味的词语。

——《用非暴力沟通化解冲突》

将你的非暴力沟通时刻记录下来吧!

Nonviolent Communication 非暴力沟通

15

我渴望的是，在生命中活出慈悲之心，让由衷的相互给予在你我之间流动。

——《非暴力沟通》（修订版）

记录你的非暴力沟通　　今日

Nonviolent Communication 非暴力沟通

16

人们认为负面情绪就是负面的,这并不是我想看到的。现在我把"正面"和"负面"分别描述成"当我们的需要得到满足时出现的感受"和"当我们的需要没有得到满足时出现的感受"。两者都非常有价值,因为它们都是对生命的诉说。

——《非暴力沟通·两性篇》

今天你的非暴力沟通希望记录下什么呢?

Nonviolent Communication 非暴力沟通

17

每当我们想要丰盈他人的生命,由衷给予他人时,我们是出于心中油然而生的喜悦之情,给予者和接受者都会从中获益。

——《非暴力沟通》(修订版)

将你的非暴力沟通时刻记录下来吧!

Nonviolent Communication 非暴力沟通

18

要想表达我们内在鲜活的生命状态,这需要用特定的方式来使用语言。对于我向你提出的问题,你能够以不掺杂评价的方式来回答。

——《用非暴力沟通化解冲突》

记录你的非暴力沟通　　今日

Nonviolent Communication 非暴力沟通

19

通过打骂、指责或伤害他人的方式（无论是在身体还是在情感上）来宣泄愤怒，只是肤浅地表达心声。如果真的很生气，我们需要找到更强有力的方式充分表达自己，例如非暴力沟通。

——《非暴力沟通》（修订版）

今天你的非暴力沟通希望记录下什么呢?

Nonviolent Communication 非暴力沟通

20

请求

使用正向具体的语言提出请求。

表达自己
我可以试试……吗?

倾听对方
你愿意试试……吗?

复盘一下你本周提出的请求吧。

将你的非暴力沟通时刻记录下来吧!

Nonviolent Communication 非暴力沟通

    我们的目标是随时随地让我们的注意力与我们的生命状态建立连接,与我们内在的生命进程连接。随时问自己:此时此地,我们的需要是什么?其他人的需要又是什么?

——《非暴力沟通·情绪篇》

记录你的非暴力沟通　　今日

Nonvalent Communication 非暴力沟通

22

要充分表达愤怒,第一步是不再将愤怒的责任归咎于他人。带着类似"我很生气,是因为他人做了什么"的想法,我们便会指责或惩罚他人,而无法深入地表达让我们愤怒的核心。

——《非暴力沟通》(修订版)

今天你的非暴力沟通希望记录下什么呢？

Nonviolent Communication 非暴力沟通

23

别人的言行会引发我们的感受,却并非产生感受的根本原因。实际上,我们之所以生气,绝非因为他人的言行,而是他人的行为刺激了我们的情绪反应。

——《非暴力沟通》(修订版)

将你的非暴力沟通时刻记录下来吧!

Nonviolent Communication 非暴力沟通

24

因为我们的文化常以内疚感作为控制人的手段。对这样的文化来说,重要的是驱使人们相信,一个人能操纵他人的感受。将刺激与原因混为一谈,成功地让内疚成为操控和强迫的一种手段。

——《非暴力沟通》(修订版)

记录你的非暴力沟通　　今日

Nonvolent Communication 非暴力沟通

25

语言助长着这种使人内疚的手段。我们会说"你让我生气""你这样做伤害了我""你那样做让我很难过"。这些方式都让我们误认为是他人的言行导致了我们的感受。而要学习如何充分表达愤怒,第一步就是要认清:不论他人做了什么,都绝非自身感受的原因。

——《非暴力沟通》(修订版)

今天你的非暴力沟通希望记录下什么呢？

Nonviolent Communication 非暴力沟通

26

当给予是由衷的,而非出于害怕、内疚、羞愧或是渴求回报,接受者才能心无挂碍地享受这份馈赠。与此同时,给予者因为看到自己为他人的幸福做出了贡献,也会收获更多的自我肯定。

——《非暴力沟通》(修订版)

将你的非暴力沟通时刻记录下来吧!

Nonviolent Communication 非暴力沟通

27

观察

不带评论的观察是人类智力的最高形式。

表达自己
我看到或听到……

倾听对方
你看到或听到……

复盘一下你本周做出的观察吧。

记录你的非暴力沟通　　今日

Nonviolent Communication 非暴力沟通

28

我们使用的任何字眼,如果暗示别人是错的,都是对我们鲜活的内在生命状态悲剧的、自杀性的表达,这样说话不会让人由衷地对我们的幸福作出贡献,反而会激发防御和对抗。

——《用非暴力沟通化解冲突》

今天你的非暴力沟通希望记录下什么呢?

Nonviolent Communication 非暴力沟通

1

要做到清晰表达所观察到的，我们的挑战在于不夹杂任何评判。不论喜欢与否，我们只是说出人们做了什么。

——《非暴力沟通》（修订版）

将你的非暴力沟通时刻记录下来吧!

Nonviolent Communication 非暴力沟通

2

我想要了解你的需要和我自己的需要,但这并不意味着当我听到你的需要时我会放弃我的需要或有所妥协。我不能以牺牲你的需要为代价来满足我自己的需要,但这也不意味着我必须放弃自己的需要来满足你的需要。

——《非暴力沟通·两性篇》

记录你的非暴力沟通　　今日

Nonvilent Communication 非暴力沟通

3

如果纯粹为了免受惩罚而去做事情,我们就会关注如果不这样做会带来的后果上,并为此焦虑担忧,却忽略了做这件事情本身的价值。

——《非暴力沟通》(修订版)

今天你的非暴力沟通希望记录下什么呢?

Nonviolent Communication 非暴力沟通

4

如果我们暗示，其他人的行为是造成我们这些感受的原因，就是在用破坏的方式表达感受。我们产生各种感受的原因，并非来自他人的行为，而是出于我们的需要。

——《用非暴力沟通化解冲突》

将你的非暴力沟通时刻记录下来吧!

Nonviolent Communication 非暴力沟通

    我们常常有强烈的冲动想给他人建议或安慰，或是解释自己的立场和感受。同理则邀请我们清空先入为主的想法，全身心地聆听他人。

——《非暴力沟通》（修订版）

记录你的非暴力沟通　　今日

Nonviolent Communication 非暴力沟通

感受 体会和表达感受能更好地与他人建立连结。

表达
自己
我感到……

复盘一下你本周体会到的感受吧。

倾听
对方
你感到……

今天你的非暴力沟通希望记录下什么呢?

Nonviolent Communication 非暴力沟通

7

无论我们的需要是什么,只有当我们有能力清楚地表达我们的需要时,其他人才有更多的可能去同理我们的需要。

——《非暴力沟通·情绪篇》

将你的非暴力沟通时刻记录下来吧!

Nonviolent Communication 非暴力沟通

当意识到自己处于辩解防卫的状态或痛苦得无法同理他人时,我们可以选择1.停顿,深呼吸,同理自己;2."非暴力呐喊";3.离开现场。

——《非暴力沟通》(修订版)

记录你的非暴力沟通　　今日

Nonviolent Communication 非暴力沟通

他们教给我，任何来自于我的强制手段，都一定会招致他们的反抗，而这会造成我们双方关系上的敌对。

——《非暴力沟通·养育篇》

今天你的非暴力沟通希望记录下什么呢?

Nonviolent Communication 非暴力沟通

10

"当得到人们的倾听和理解,我就能以一种全新的眼光看世界,并继续前进。令人难以置信的是,原本看似无解的问题因此有了解决办法,千头万绪的思路也会变得清楚分明。"(卡尔·罗杰斯)

——《非暴力沟通》(修订版)

将你的非暴力沟通时刻记录下来吧!

Nonviolent Communication 非暴力沟通

11

为什么在类似的情况下,一些人更容易做出暴力反应,而另一些人则更富有同理心。下面3个因素对于理解这一点非常重要。

我们在接受教育的过程中学习和使用过的言辞。

我们在这一过程中学习到的思维与沟通方式。

我们学会的用于影响我们自己和他人的特定策略。

——《非暴力沟通·情绪篇》

记录你的非暴力沟通　　今日

Nonviolent Communication 非暴力沟通

12

很重要的一点是,牢记非暴力沟通不是固定公式,人们可以根据不同的情境,以及不同的个人和文化习惯做出调整。

——《非暴力沟通》(修订版)

今天你的非暴力沟通希望记录下什么呢?

Nonvoilent Communication 非暴力沟通

13

> **需要** 感受源自我们如何看待他人的言行以及我们当时的需要和期待。

表达自己
因为我需要或看重……

复盘一下你本周找到的需要吧。

倾听对方
因为你需要或看重……

将你的非暴力沟通时刻记录下来吧!

Nonviolent Communication 非暴力沟通

14

　　非暴力沟通建议我们使用正向的可操作的语言来提出请求。正向的意思是说，要提出你希望其他人去做的事情，而非你不希望他们去做的事情，或者你希望他们停止做的事情。

——《用非暴力沟通化解冲突》

记录你的非暴力沟通　　今日

Nonviolent Communication 非暴力沟通

15

非暴力沟通的精髓在于对这四个要素的觉察,而非在交流中具体说了什么。

——《非暴力沟通》(修订版)

今天你的非暴力沟通希望记录下什么呢?

Nonviolent Communication 非暴力沟通

16

在非暴力沟通中,我们要学会如何坚定而且自信地说出自己心中的想法,但也要懂得很好的说话技巧。我们会以非暴力沟通的方式坚定地告诉别人我们希望他们怎么做,但同时,我们会把它作为对对方的一种请求,而不是命令。

——《非暴力沟通·两性篇》

将你的非暴力沟通时刻记录下来吧!

Nonviolent Communication 非暴力沟通

17

我发现,某些语言与表达方式造成了人们对自己和他人的暴力。我将这些表达方式称为"疏离生命的语言"。

——《非暴力沟通》(修订版)

记录你的非暴力沟通　　今日

Nonviolent Communication 非暴力沟通

18

只要有人出于内疚、羞愧、职责、义务或者害怕受到惩罚去做我们要他们做的事情时,我们会为此付出代价。我们希望,人们同意我们的请求,是因为他们体会到一种我们所有人心中共有的神圣能量,它显现在我们彼此给予时感受到的喜悦。

——《用非暴力沟通化解冲突》

今天你的非暴力沟通希望记录下什么呢？

Nonviolent Communication 非暴力沟通

19

非暴力沟通鼓励我们连结内心最深处的感受和需要,有时表达它们并不容易。然而,同理心让我们能触碰彼此共通的人性,我们的自我表达也会变得容易些。

——《非暴力沟通》(修订版)

将你的非暴力沟通时刻记录下来吧!

Nonviolent Communication 非暴力沟通

20

请求
使用正向具体的语言提出请求。

表达自己
我可以试试……吗?

倾听对方
你愿意试试……吗?

复盘一下你本周提出的请求吧。

记录你的非暴力沟通　　今日

Nonviolent Communication 非暴力沟通

21

我们惯常的赞美方式往往带有评判,哪怕是正向的,有时甚至被用来操纵他人的行为。非暴力沟通所鼓励的是,向他人表达感激时,庆祝是我们唯一的意图。

——《非暴力沟通》(修订版)

今天你的非暴力沟通希望记录下什么呢?

Nonviolent Communication 非暴力沟通

22

我们越是能够与他人的感受和需要相连,就越不害怕袒露自己。很多时候,我们之所以不愿意展现内心的脆弱,往往是因为我们想要显得"强悍",害怕失去权威感和掌控感。

——《非暴力沟通》(修订版)

将你的非暴力沟通时刻记录下来吧!

Nonviolent Communication 非暴力沟通

23

在解决与孩子的分歧时,是用强制性手段,还是创建有品质的连接,以便每个人的需要都得到满足,沟通方式是完全不同的。

——《非暴力沟通·养育篇》

记录你的非暴力沟通　　今日

Nonvivolent Communication 非暴力沟通

24

在痛苦的情境中,我们要先让自己得到足够的同理,才能不被自己的各种想法所束缚,并且找到内在更深层的需要。

——《非暴力沟通》(修订版)

今天你的非暴力沟通希望记录下什么呢?

Nonviolent Communication 非暴力沟通

25

如果你想利用愧疚心理作为操纵人们的方法,就需要让他们思维混乱,认为刺激源就是你感到愤怒的原因。换言之,如果你想利用某个人的愧疚心理,你就需要用某种沟通方式暗示你的痛苦就是他们的行为造成的。即他们的行为不仅仅是你的感受的刺激源,而且是造成你的感觉的原因。

——《非暴力沟通·情绪篇》

将你的非暴力沟通时刻记录下来吧!

Nonviolent Communication 非暴力沟通

26

指责、侮辱、贴标签、批评、比较、分析都是评判的形式。

——《非暴力沟通》(修订版)

记录你的非暴力沟通　　今日

Nonvolent Communication 非暴力沟通

27

观察

不带评论的观察是人类智力的最高形式。

表达自己
我看到或听到……

倾听对方
你看到或听到……

复盘一下你本周做出的观察吧。

# 今天你的非暴力沟通希望记录下什么呢?

Nonviolent Communication 非暴力沟通

28

如果我们做事不是出于我们每个人内心的神圣能量,使慈悲的给予自然而然地发生,而只是出于文化中习得的做事模式,因为我们应该／必须／不得不去做,比如为了奖赏或者出于内疚、羞愧、职责、义务……那么,每个人都会为此付出代价。

——《用非暴力沟通化解冲突》

将你的非暴力沟通时刻记录下来吧!

Nonviolent Communication 非暴力沟通

29

在对与错的区分之外,有一片田野,我将在那里遇见你。

——《非暴力沟通》(修订版)

记录你的非暴力沟通　　今日

Nonviolent Communication 非暴力沟通

30

阻碍人们坦诚交流的沟通方式主要有两种：

第一种是任何听起来含有批评对方之意的信息。

第二种是在沟通过程中任何带有强迫意味的暗示。

——《非暴力沟通·两性篇》

今天你的非暴力沟通希望记录下什么呢？

Nonviolent Communication 非暴力沟通

31

　　我们一心都在分析和追究自己和他人有什么问题,却不曾思索自己和他人有什么需要没有得到满足。

——《非暴力沟通》(修订版)

将你的非暴力沟通时刻记录下来吧!

Nonviolent Communication 非暴力沟通

1

　　如果我们做了自己不喜欢的事情，首先第一步是哀悼，倾听自己有何种需要未能得到满足。要做到这一点，我们必须经常"听透"那些我们惯用的评判背后的需要。我们可以把自己的沮丧、内疚和羞愧当作闹铃，提醒自己，此时此刻，我们没有真的与我们的生命相连接——生命的定义就是与需要有所碰触。

——《用非暴力沟通化解冲突》

记录你的非暴力沟通　　今日

Nonvolent Communication 非暴力沟通

2

在紧张的情态下，如果能够同理他人，或许可以避免潜在的暴力。

——《非暴力沟通》（修订版）

今天你的非暴力沟通希望记录下什么呢?

Nonviolent Communication 非暴力沟通

感受

体会和表达感受能更好地与他人建立连结。

表达自己
我感到……

倾听对方
你感到……

复盘一下你本周体会到的感受吧。

将你的非暴力沟通时刻记录下来吧!

Nonviolent Communication 非暴力沟通

4

如果你是倾向诱导孩子愧疚的家长,你会对孩子说:"如果你不清理你的房间,这种行为让我很难过。"或者在两性相处中,你倾向诱导对方愧疚,你可能会对另一半说:"这个星期你每天晚上都出去,这让我很生气。"注意,在这两个例子中,说话的人都在暗示,让他生气的刺激源就是他生气的原因:你让我感到生气,因为你做的这件事,我感到如何,原因是你……

——《非暴力沟通·情绪篇》

记录你的非暴力沟通　　今日

Nonviolent Communication 非暴力沟通

当别人对我们的请求说"不要""我不想……"时,我们常常会将这类话解读为对我们的拒绝,或是认为自己有什么问题,因无法了解对方实际上是怎么想的而感到受伤。如果能够体会对方在说"不"背后的感受和需要,我们就能明白是什么使他们无法答应我们的请求。

——《非暴力沟通》(修订版)

今天你的非暴力沟通希望记录下什么呢?

Nonviolent Communication 非暴力沟通

6

尝试塑造出一种彼此关心、相互尊重的品质,在这样的一种品质里,双方明白他们各自的需要都很重要,同时他们也清楚,他们的需要和对方的幸福是互相依存的——不可思议的是,看似无法解决的冲突,就可以这样轻易化解了。

——《非暴力沟通·养育篇》

将你的非暴力沟通时刻记录下来吧!

Nonviolent Communication 非暴力沟通

7

与讲述过去所遭遇到的不公和困难相比,直接表达自己的感受和需要,更有可能得到来自他人的同理。

——《非暴力沟通》(修订版)

记录你的非暴力沟通　　今日

Nonvivolent Communication 非暴力沟通

寻找令我们愤怒的根源背后的需要,即我们是因为需要未能得到满足而生气的。问题是,我们缺乏直接与这种需要连接的能力,而是去想另一方做错了什么。这让我们无法满足需要。我们对于其他人做出的评判,即我们生气的原因,其实是对我们未满足需要的一种扭曲的表达。

——《非暴力沟通·情绪篇》

今天你的非暴力沟通希望记录下什么呢?

Nonviolent Communication 非暴力沟通

9

在我看来,当我们在分析和评判时,其实都是在表达自身的价值观和需要,但这样的表达方式却是悲剧性的,引发的是对方的防卫与抗拒。

——《非暴力沟通》(修订版)

将你的非暴力沟通时刻记录下来吧!

Nonviolent Communication 非暴力沟通

10

需要

感受源自我们如何看待他人的言行以及我们当时的需要和期待。

表达自己
因为我需要或看重……

复盘一下你本周找到的需要吧。

倾听对方
因为你需要或看重……

记录你的非暴力沟通　　今日

Nonviolent Communication 非暴力沟通

100 天庆祝卡

今天已经是你连续记录非暴力沟通时刻的第 100 天啦!
让我们来用非暴力沟通的方式庆祝一下吧!

我想要庆祝这一时刻,因为我(做了什么)_____,

我现在的心情是_____,

正因为我(哪些需要)_____得到了满足,

我才有了这种情绪(感受)。

    非暴力沟通非常重要的一部分就是在每时每刻我们都能辨认出选择，每时每刻的行为都是我们选择的。而且，我们所做的每项选择都是为了一个需要而服务的。这就是非暴力沟通在我们内在运作的方式。

——《用非暴力沟通化解冲突》

今天你的非暴力沟通希望记录下什么呢?

Nonviolent Communication 非暴力沟通

12

重要的是不要把"价值判断"与"道德评判"混为一谈。

——《非暴力沟通》（修订版）

将你的非暴力沟通时刻记录下来吧!

Nonviolent Communication 非暴力沟通

13

马歇尔先生,你认为男人与女人之间的主要矛盾和问题是什么呢?

马歇尔:对男人而言,让他们说出自己的感受很难,很多男人根本不知道怎样和自己的情绪建立联系。事实上,作为一名男性,我之前接受的基本上也是这种沟通方式的训练。而另一方面,对于女人来说,很多女人并没有学会怎样清楚地了解自己的需要。

—— 《非暴力沟通·两性篇》

记录你的非暴力沟通　　今日

Nonviolent Communication 非暴力沟通

14

    每个人都会对生命中自己所珍视的品质做出价值判断。例如,我们也许会珍视诚实、自由、和平。对于那些不符合我们价值观的人和行为,我们常常会做出道德评判。

——《非暴力沟通》(修订版)

今天你的非暴力沟通希望记录下什么呢?

Nonviolent Communication 非暴力沟通

15

"让我们为自己拥有犯错特权的尊严而高兴,为我们能够认识到错误的智慧而高兴,为容许我们把错误的光亮转化为未来道路上的明灯而高兴。错误是智慧的成长之痛。没有错误,就没有个人的成长,没有进步,没有胜利。"(威廉·乔丹)

——《用非暴力沟通化解冲突》

将你的非暴力沟通时刻记录下来吧！

Nonviolent Communication 非暴力沟通

16

　　当面对不喜欢的言语或行为时,我们有四种回应的选择:1.指责自己;2.指责他人;3.同理自己;4.同理他人。当我们选择第2种方式时,愤怒便产生了。每当我们在生气时将错误归咎于他人,我们就在选择扮演上帝的角色,去评断或指责他人犯了过错或要受到惩罚。我认为,这才是我们生气的原因,只是我们起初对此是无意识的。

——《非暴力沟通》(修订版)

记录你的非暴力沟通　　今日

Nonvolent Communication 非暴力沟通

17

请求
使用正向具体的语言提出请求。

表达自己
我可以试试……吗?

复盘一下你本周提出的请求吧。

倾听对方
你愿意试试……吗?

今天你的非暴力沟通希望记录下什么呢?

Nonviolent Communication 非暴力沟通

18

我们越是能聚焦于每个当下的需要,就越是能触及和体会这股生命能量。

——《非暴力沟通》(修订版)

将你的非暴力沟通时刻记录下来吧!

Nonviolent Communication 非暴力沟通

19

导致我们愤怒的是那些指责的想法,它们切断了我们和需要的连结。愤怒提醒我们自己正在用头脑分析和评断他人,而没有关注自己有哪些需要没有得到满足。

——《非暴力沟通》(修订版)

记录你的非暴力沟通　　今日

Nonviolent Communication 非暴力沟通

20

所有的怒气背后,都有一个没有被满足的需要。如果我们能善用愤怒,视之为唤醒自己的报警器,意识到自己有一个需要没有得到满足,那愤怒就是有价值的。

——《非暴力沟通》(修订版)

今天你的非暴力沟通希望记录下什么呢?

Nonviolent Communication 非暴力沟通

21

我建议,与其沉浸在"义愤填膺"中,不如带着同理心与自己和他人的需要连结。通过反复的练习,我们的思维将会有意识地以"我生气,因为我需要……"来取代"我生气,是因为他们……"。

——《非暴力沟通》(修订版)

将你的非暴力沟通时刻记录下来吧!

Nonviolent Communication 非暴力沟通

22

如果我们满脑子是非对错、评判和分析,认为别人不好、贪婪、不负责任、说谎、作弊、污染环境、要钱不要命或做了不对的事……他人就不太可能对我们的需要有兴趣。

——《非暴力沟通》(修订版)

记录你的非暴力沟通　　今日

Nonviolent Communication 非暴力沟通

23

　　使谈话变得生动有趣的另一种方法是，直接告诉对方我们想和他们建立更多连结，并请求对方的支持。

——《非暴力沟通》（修订版）

今天你的非暴力沟通希望记录下什么呢?

Nonviolent Communication 非暴力沟通

24

观察 不带评论的观察是人类智力的最高形式。

表达自己

我看到或听到……

复盘一下你本周做出的观察吧。

倾听对方

你看到或听到……

将你的非暴力沟通时刻记录下来吧！

Nonviolent Communication 非暴力沟通

25

　　我会愤怒,是因为我产生了一些有关他人行为的想法,暗示其他人的做法是错误的。这些想法类似于:"我认为那家伙很自私/很懒惰/在操纵别人,他不该这么干。"这些想法直接或间接地对其他人做出了评判,"我认为,这家伙以为只有他的想法才有价值。"这样的表达暗含着我们的间接评价:认为他人做得不对。

——《非暴力沟通·情绪篇》

记录你的非暴力沟通　　今日

Nonvolent Communication 非暴力沟通

26

相比假装听别人说话,打断他们才是更体贴的做法。因为,所有人都希望自己的话对人有益,而非成为他人的负担。

——《非暴力沟通》(修订版)

今天你的非暴力沟通希望记录下什么呢?

Nonviolent Communication 非暴力沟通

27

如果一个人身处痛苦之中,需要的是临在陪伴和同理心。他们可能想要得到建议,但要在他们获得同理连接之后。

——《非暴力沟通·养育篇》

将你的非暴力沟通时刻记录下来吧!

Nonviolent Communication 非暴力沟通

28

同理他人使得我们敢于呈现自己的脆弱,平息潜在的暴力,让乏味的对话变得有趣,并了解"不"和沉默所传达的感受和需要。

——《非暴力沟通》(修订版)

记录你的非暴力沟通　　今日

Nonviolent Communication 非暴力沟通

29

如果我认为其他人让我感到愤怒,我就很想要惩罚他们。其实,从来都不是其他人做了些什么让我们愤怒,而是我们对他们的看法让我们愤怒,是我们如何看待他们所做的事情让我们愤怒。

——《非暴力沟通·情绪篇》

今天你的非暴力沟通希望记录下什么呢?

Nonviolent Communication 非暴力沟通

30

不论是发生在家庭成员、种族、国家间的语言暴力,还是心理或肢体暴力,这些暴力的根源都是人们在遇到冲突时,认为那是对方的错,因而看不到彼此的脆弱。

——《非暴力沟通》(修订版)

将你的非暴力沟通时刻记录下来吧!

Nonviolent Communication 非暴力沟通

 **感受** 体会和表达感受能更好地与他人建立连结。

表达
自己

我感到……

复盘一下你本周体会到的感受吧。

倾听
对方

你感到……

记录你的非暴力沟通　　今日

Nonvolent Communication 非暴力沟通

2

"应该"这个词语直接来自暗示有好有坏、有应该和不应该的暴力游戏。如果你没做"应该"做的事情,就"应该"受到惩罚;如果你做了正确的事,就"应该"获得奖励。这会带来强烈的痛苦。

——《用非暴力沟通化解冲突》

今天你的非暴力沟通希望记录下什么呢?

Nonviolent Communication 非暴力沟通

3

每一个人都对自己的思想、情感与行为负有责任,若无法意识到这点,沟通也会疏离与生命的连结。

——《非暴力沟通》(修订版)

将你的非暴力沟通时刻记录下来吧!

Nonviolent Communication 非暴力沟通

非暴力沟通能帮助我们建立起一种关系,在这种关系中,我们彼此能够发自内心地互相给予。这就意味着,当与伴侣相处时,我们不会再因为自己顶着"妻子""丈夫"的名头而暗含着我们"有责任""有义务""理应"或"必须"为对方做些什么,也不必再因为内疚、羞愧、潜意识、恐惧、义务或责任而去给予。

——《非暴力沟通·两性篇》

记录你的非暴力沟通　　今日

Nonviolent Communication 非暴力沟通

我们习惯使用"不得不"这样的表达方式来淡化对自己行为所负的责任,例如"有些事不管你喜不喜欢,都不得不做"。

——《非暴力沟通》(修订版)

今天你的非暴力沟通希望记录下什么呢？

Nonviolent Communication 非暴力沟通

为了帮助人们超越"应该"带来的痛苦,我们首先要帮助他们意识到这种想法的存在。然后让他们知道,这种想法是对一个未满足需要的悲剧性表达。

——《用非暴力沟通化解冲突》

将你的非暴力沟通时刻记录下来吧!

Nonviolent Communication 非暴力沟通

7

在没有机会沟通（例如危险迫在眉睫）的情况下，我们需要采取保护性强制力。这样做的目的是防止人们受到伤害或不公待遇，而不是为了惩罚他人或让他人难受、忏悔或改变。

——《非暴力沟通》（修订版）

记录你的非暴力沟通　　今日

Nonvriolent Communication 非暴力沟通

8

需要

感受源自我们如何看待他人的言行以及我们当时的需要和期待。

表达自己
因为我需要或看重……

复盘一下你本周找到的需要吧。

倾听对方
因为你需要或看重……

今天你的非暴力沟通希望记录下什么呢?

Nonviolent Communication 非暴力沟通

　　我们之所以愤怒,是因为意识被我们曾学习过的这类观念所控制:对方是"好"的或者"不好"的。这种想法是让我们愤怒的根源。我们不是教大家去压制我们的愤怒或者否认这种想法,而是要把它转变为一种"恰当"的语言,使用这种语言,我们就有大得多的可能性,能够和激起我们愤怒的人和平相处。

——《非暴力沟通·情绪篇》

将你的非暴力沟通时刻记录下来吧！

Nonviolent Communication 非暴力沟通

10

> 非暴力沟通最关键的应用或许在于改变我们对待自己的方式。我们若用暴力的方式对待自己,就很难真正做到善待他人。
>
> ——《非暴力沟通》(修订版)

记录你的非暴力沟通　　今日

Nonviolent Communication 非暴力沟通

11

这种付出,来自为他人的幸福做出贡献的渴望,而不是出于对惩罚的恐惧,或是对奖励的期待。

——《非暴力沟通·养育篇》

今天你的非暴力沟通希望记录下什么呢?

Nonviolent Communication 非暴力沟通

12

我们如何能以善意和友爱对待自己,而非以暴力相向呢?一个重要的因素是转变每时每刻的自我评价。

——《非暴力沟通》(修订版)

将你的非暴力沟通时刻记录下来吧!

Nonviolent Communication 非暴力沟通

13

推荐一种练习,列出当你生气的时候脑海中所出现的那些评判。回忆你最近一次发火,询问自己:当时你在内心究竟对自己说了些什么,才导致你发了这么大的火呢,并把这些事情记下来。

我生气的时候脑海中容易出现的评判是____

我当时内心的台词是____

这段台词让我意识到我背后的需要是____

——《非暴力沟通·情绪篇》

记录你的非暴力沟通　　今日

Nonvolent Communication 非暴力沟通

14

当我们将行动的原因归咎于外部因素时,我们便在试图推卸自己的责任。

——《非暴力沟通》(修订版)

今天你的非暴力沟通希望记录下什么呢?

Nonviolent Communication 非暴力沟通

15

请求

使用正向具体的语言提出请求。

表达自己
我可以试试……吗?

倾听对方
你愿意试试……吗?

复盘一下你本周提出的请求吧。

将你的非暴力沟通时刻记录下来吧!

Nonviolent Communication 非暴力沟通

16

　　如果把注意力集中在我们的需要上，就能更好地满足需要而不失去自尊，同时也更能避免评判其他人的言语或行为。

　　　　　　　　——《用非暴力沟通化解冲突》

记录你的非暴力沟通　　今日

记录你的非暴力沟通

Nonviolent Communication 非暴力沟通

17

当我们以"要求"的方式来表达我们的诉求时,实际上是在或明或暗地指责或惩罚那些不配合我们的人。

——《非暴力沟通》(修订版)

今天你的非暴力沟通希望记录下什么呢?

Nonviolent Communication 非暴力沟通

18

如果我们为伴侣做事情是在压抑自己需要的前提下进行的,我们每个人都会因此迷失自我。当我们接受对方未满足需要而给予我们的任何东西时,我们也知道自己必将会为此付出代价,因为这种给予是以牺牲对方的需要为前提的。所以非暴力沟通倡导的是一种能够让我们为对方真诚付出的沟通方式。

——《非暴力沟通·两性篇》

将你的非暴力沟通时刻记录下来吧!

Nonviolent Communication 非暴力沟通

19

疏离生命的语言还与"奖惩"思维有关,即有的行为应该受到奖赏,而有的行为就该受到惩罚。人们常用"活该"这样的字眼来表达这种思维。

——《非暴力沟通》(修订版)

记录你的非暴力沟通　　今日

Nonviolent Communication 非暴力沟通

20

　　如果我们暴力对待自己，怎么可能为创造和平的世界做出贡献呢？和平从我们的内在开始。我并不是说，在关心外界世界之前，或从事广阔的社会工作之前，必须把我们的内心完全从暴力中解放出来。我的意思是，我们需要同时兼顾内外。

——《用非暴力沟通化解冲突》

今天你的非暴力沟通希望记录下什么呢?

Nonviolent Communication 非暴力沟通

21

既然希望自己所做的每件事都对生命有益,那么,我们就要知道如何做出有助于生命成长的自我评价,进而做出符合生命需要的选择。然而,不幸的是,我们长期以来所习得的评价方式往往导致自我憎恨,而无助于成长。

——《非暴力沟通》(修订版)

将你的非暴力沟通时刻记录下来吧!

Nonviolent Communication 非暴力沟通

观察

不带评论的观察是人类智力的最高形式。

我看到或听到……

复盘一下你本周做出的观察吧。

倾听对方

你看到或听到……

记录你的非暴力沟通　　今日

Nonviolent Communication 非暴力沟通

23

选择以哪种角度去看待某种情境会极大地影响我们的应变能力。有些选择会改善情况,而有些选择会让情况变得更糟。

——《非暴力沟通·情绪篇》

今天你的非暴力沟通希望记录下什么呢?

Nonvolent Communication 非暴力沟通

24

    人们被教导的方式充满着好坏对错，也因此会用这样的方式指责自己，认为自己所做的事情是错的或不好的，活该受到惩罚。可悲的是，这样的方式只会让我们陷入自我憎恨，而无法从失误中学习——而失误恰恰能让我们看见局限，并引导成长。

——《非暴力沟通》（修订版）

将你的非暴力沟通时刻记录下来吧!

Nonviolent Communication 非暴力沟通

25

我认识到,比起使用惩罚、奖励、指责或愧疚作为强制性手段,以爱和尊重的方式与他人连接,出于喜悦为他人做事,是更自然的方式。

——《非暴力沟通·养育篇》

记录你的非暴力沟通　　今日

Nonvolent Communication 非暴力沟通

26

　　我希望,我们的改变是出于想为自己和他人创造更美好的生活,并不是因为羞愧、内疚这样一些具有破坏性的驱动力。

——《非暴力沟通》(修订版)

今天你的非暴力沟通希望记录下什么呢?

Nonviolent Communication 非暴力沟通

27

别人做的任何事情都不是你愤怒的真正原因,让你感到愤怒的其实是你内心对这件事情的评判。

——《非暴力沟通·情绪篇》

将你的非暴力沟通时刻记录下来吧!

Nonviolent Communication 非暴力沟通

28

　　我相信所有人都渴望改变，那是因为人们明白改变能为自己带来益处，而不是因为不想受到惩罚。

——《非暴力沟通》（修订版）

记录你的非暴力沟通　　今日

Nonvolent Communication 非暴力沟通

29

感受　体会和表达感受能更好地与他人建立连结。

表达自己
我感到……

倾听对方
你感到……

复盘一下你本周体会到的感受吧。

今天你的非暴力沟通希望记录下什么呢?

Nonvoilent Communication 非暴力沟通

30

非暴力沟通让我们看到，哀悼和道歉之间存在着巨大的差异。道歉基本上是我们的暴力语言中的一部分，它暗示着错误——你也同意自己是个差劲的人，只有你做足了忏悔，才可以获得原谅。相反，真正的疗愈不是那个同意自己糟糕的游戏，而是深入自己的内在，看到你的哪些需要因为这行为而未能得到满足。

——《用非暴力沟通化解冲突》

将你的非暴力沟通时刻记录下来吧！

Nonviolent Communication 非暴力沟通

31

我们大多数人在贴标签、做比较、要求和评判的语言环境中长大,鲜少被鼓励去觉察自己的感受和需要。

——《非暴力沟通》(修订版)

记录你的非暴力沟通　　今日

Nonviolent Communication 非暴力沟通

陆

如果我们学会了发自内心地给予,并在给予时感觉就像接受时一样快乐,结果会怎么样呢?当我们以一种极富人情味的方式去做一件事情时,我认为给予者与接受者并没有太大的区别。反之,当我们以一种我称之为评判的方式彼此互动时,给予才会显得不那么有趣。

——《非暴力沟通·两性篇》

今天你的非暴力沟通希望记录下什么呢?

Nonviolent Communication 非暴力沟通

我认为,疏离生命的语言植根于影响了我们数千年的性恶论,这一人性观强调人性本恶,认为人们需要通过教导来压制某些卑劣天性。但这样的教育时常让我们对自己的感受和需要心存疑虑,于是我们早早地就学会了与自己的内心隔绝。

——《非暴力沟通》(修订版)

将你的非暴力沟通时刻记录下来吧!

Nonviolent Communication 非暴力沟通

3

"人并没有织出生命之网,他仅仅是网中的一根线。他对网做了什么,就是对自己做了什么。一切都绑在一起,一切都相连。"(西雅图酋长)

——《用非暴力沟通化解冲突》

记录你的非暴力沟通　　今日

Nonvilent Communication 非暴力沟通

4

一旦人们意识到我们的行为是出于羞愧或内疚,而非让生活更加美好,就算我们试图更加友善和体贴,他人也很难欣赏我们的行为。

——《非暴力沟通》(修订版)

今天你的非暴力沟通希望记录下什么呢?

Nonviolent Communication 非暴力沟通

5

需要

感受源自我们如何看待他人的言行以及我们当时的需要和期待。

表达自己
因为我需要或看重……

复盘一下你本周找到的需要吧。

倾听对方
因为你需要或看重……

将你的非暴力沟通时刻记录下来吧!

Nonviolent Communication 非暴力沟通

6

你头脑中的任何想法,只要与"应该"这个词有关,都有可能引发暴力。

——《非暴力沟通·情绪篇》

记录你的非暴力沟通　　今日

Nonviolent Communication 非暴力沟通

7

在我们的语言中,有一个词拥有强大的威力,会激发人们的羞愧感和罪恶感,并经常被我们用来评价自己。它充满暴力,并且根深蒂固地烙印在我们的意识中,以致于许多人无法想象,如果没有它要怎么生活。这个词便是"应该"。

——《非暴力沟通》(修订版)

今天你的非暴力沟通希望记录下什么呢?

Nonviolent Communication 非暴力沟通

  以这样无条件的爱、尊重和接纳与他人沟通，不意味着我们要喜欢他人的行为，不意味着我们要纵容他人，并放弃我们自己的需要和价值观。

——《非暴力沟通·养育篇》

将你的非暴力沟通时刻记录下来吧!

Nonviolent Communication 非暴力沟通

9

> 人类在听到任何形式的要求时,都会不由自主地抗拒,因为要求威胁着我们作为人的自主性——我们有强烈的需要为自己做选择。
>
> ——《非暴力沟通》(修订版)

记录你的非暴力沟通　　今日

Nonviolent Communication 非暴力沟通

10

我认为,我们不会因为我们的需要未能得到满足而发怒。我们之所以愤怒,是因为我们对他人进行的评判激发了我们的愤怒。

——《非暴力沟通·情绪篇》

今天你的非暴力沟通希望记录下什么呢?

Nonviolent Communication 非暴力沟通

11

在多数情况下,如果希望他人听见我们的心声,与我们的内心产生连结,我们需要先同理对方。如果对方还处于某种情绪中,他们就很难平静下来体会我们的感受和需要。我们越能用心同理对方,理解对方为何做出那些不符合我们需要的行为,对方就越有可能同理我们。

——《非暴力沟通》(修订版)

将你的非暴力沟通时刻记录下来吧!

Nonviolent Communication 非暴力沟通

12

请求
使用正向具体的语言提出请求。

表达自己
我可以试试……吗?

复盘一下你本周提出的请求吧。

倾听对方
你愿意试试……吗?

记录你的非暴力沟通　　今日

Nonvolent Communication 非暴力沟通

13

用非暴力沟通化解冲突时,最重要的是建立冲突双方之间的连结。人与人之间只有建立了连结,才会发自内心地想要了解彼此的感受和需要。唯有如此,非暴力沟通的步骤才能发挥效用。

——《非暴力沟通》(修订版)

今天你的非暴力沟通希望记录下什么呢?

Nonviolent Communication 非暴力沟通

14

大部分的冲突解决工作致力于妥协,这意味着大家都得让步,没有一方是全然满意的;而非暴力沟通的目标是——让各方的需要都得到充分的满足。

——《非暴力沟通》(修订版)

将你的非暴力沟通时刻记录下来吧!

Nonviolent Communication 非暴力沟通

15

不论对方说什么，设法找出他们真正的需要。如果发现他们表达的是想法、评判或分析，而不是需要，我们可以继续寻找话语背后的需要。

——《非暴力沟通》（修订版）

记录你的非暴力沟通　　今日

Nonviolent Communication 非暴力沟通

16

我们还要明了,"需要"和满足需要的"策略"是不同的。在化解冲突时,清晰分辨"需要"和"策略"的不同是非常重要的。

——《非暴力沟通》(修订版)

今天你的非暴力沟通希望记录下什么呢?

Nonviolent Communication 非暴力沟通

17

在冲突中,双方通常会花大量时间证明自己是对的、对方是错的,而不会关注自己和对方的需要。语言上的冲突一不小心便升级为肢体暴力,甚至是战争。

——《非暴力沟通》(修订版)

将你的非暴力沟通时刻记录下来吧!

Nonviolent Communication 非暴力沟通

18

非暴力沟通并不要求我们保持完全客观,不做任何评论。它只是强调,我们要区分观察与评论。

——《非暴力沟通》(修订版)

记录你的非暴力沟通   今日

Nonviolent Communication 非暴力沟通

19

观察

不带评论的观察是人类智力的最高形式。

表达自己
我看到或听到……

倾听对方
你看到或听到……

复盘一下你本周做出的观察吧。

今天你的非暴力沟通希望记录下什么呢?

Nonviolent Communication 非暴力沟通

20

"我们不可能只为自己而活。千条线把我们与他们相连,顺着那些线,那些让我们心灵相通的连接,我们的行动是因,回向我们的是果。"(赫尔曼·梅尔维尔)

——《用非暴力沟通化解冲突》

将你的非暴力沟通时刻记录下来吧!

Nonviolent Communication 非暴力沟通

21

非暴力沟通是一个动态的语言,它不鼓励一成不变、一概而论的陈述。

——《非暴力沟通》(修订版)

记录你的非暴力沟通　　今日

Nonviolent Communication 非暴力沟通

22

我戴上了非暴力沟通的耳朵,奇迹就这样发生了:世上再也没有拒绝了,我所听到的都是事实。对非暴力沟通者而言:当听到一个人说"不"时,他只是用了一种比较糟糕的方式来让我们知道他真正想要的是什么。所以,我们不应该因为自己把它听成一种拒绝而让事情变得更糟糕,我们应该听到的是他想要的是什么。

——《非暴力沟通·两性篇》

今天你的非暴力沟通希望记录下什么呢?

Nonviolent Communication 非暴力沟通

23

用静态的语言来表达或捕捉瞬息万变的现实世界,会带来许多问题。

——《非暴力沟通》(修订版)

将你的非暴力沟通时刻记录下来吧!

Nonviolent Communication 非暴力沟通

24

我们倾听别人，目标并不是知识上的理解，而是用倾听彼此相连。但这并不是说，我们必须和别人产生同样的感受。看到别人处于不安之中，我们感到伤心，这是同情。而倾听不意味着我们必须都有同样的感受，而是意味着，我们与他们在一起。

——《用非暴力沟通化解冲突》

记录你的非暴力沟通　　今日

Nonviolent Communication 非暴力沟通

25

非暴力沟通认为,每当我们认为他人是错的或是不好的,我们真正的心声是——他人的行为与我们的需要有冲突;如果我们指责的人恰好是自己,我们真正的心声是——我的所作所为没有满足我的需要。

——《非暴力沟通》(修订版)

今天你的非暴力沟通希望记录下什么呢?

Nonviolent Communication 非暴力沟通

26

感受
体会和表达感受能更好地与他人建立连结。

复盘一下你本周体会到的感受吧。

将你的非暴力沟通时刻记录下来吧!

Nonviolent Communication 非暴力沟通

27

我并没有说评判他人是错误的……重要的是要意识到,正是这种评判让我们动怒。

——《非暴力沟通·情绪篇》

记录你的非暴力沟通　　今日

Nonviolent Communication 非暴力沟通

28

我坚信,如果我们以需要是否得到满足来评价自己,就更有可能从自我评价的过程中获益。

——《非暴力沟通》(修订版)

今天你的非暴力沟通希望记录下什么呢?

Nonviolent Communication 非暴力沟通

29

如果我们给出基于同理心的尊重,慢下来去理解为什么他们不按我们的意思去做,我们就可以继续思考,如何才能影响他人,让他人愿意做我们请求他们做的事。

——《非暴力沟通·养育篇》

将你的非暴力沟通时刻记录下来吧!

Nonviolent Communication 非暴力沟通

30

当我们和自己的需要（可能是多个层面的需要）连结时，我们会在自己的身体上体会到明显的变化。这时，我们因自我批评而产生的羞愧、内疚或压抑，便会被其他的感受取代。不论是难过、挫败、失望、恐惧、悲伤或别的，这些都是我们与生俱来的感受，其目的是推动我们去满足和追寻自己的价值观和需要；而内疚、羞愧和压抑则会切断我们与自己的连结。

——《非暴力沟通》（修订版）

记录你的非暴力沟通　　今日

Nonviolent Communication 非暴力沟通

悲伤是一种能够触动我们身心去满足我们需要的感受。愤怒是一种驱动我们身心去责备与惩罚他人的感受。

——《非暴力沟通·情绪篇》

今天你的非暴力沟通希望记录下什么呢?

Nonviolent Communication 非暴力沟通

"惩罚性强制力"除了体罚,还有心理上的惩罚,即通过指责来羞辱人。例如,孩子若没有照家长的话去做,就可能被贴上"犯错""自私"或"不成熟"的标签。另外一种惩罚方式是拒绝满足孩子,例如限制零花钱或取消做某些事的权利(诸如开车)。

——《非暴力沟通》(修订版)

将你的非暴力沟通时刻记录下来吧!

Nonvoilent Communication 非暴力沟通

3

> **需要** 感受源自我们如何看待他人的言行以及我们当时的需要和期待。

表达自己

因为我需要或看重……

复盘一下你本周找到的需要吧。

倾听对方

因为你需要或看重……

记录你的非暴力沟通　　今日

Nonviolent Communication 非暴力沟通

我们一直以来接受的教育就是,如果权威们说我们错了,我们就认为自己确实错了。我建议你永远不要听从他人对你的看法。我敢说,如果你从来不相信人们对你的看法,你会活得更长、更快乐。永远不要把它当作针对自己的因由。

——《用非暴力沟通化解冲突》

今天你的非暴力沟通希望记录下什么呢?

Nonviolent Communication 非暴力沟通

5

　　使用诸如"懒惰""傻"这类负面标签所带来的影响或许显而易见。但即使是像"厨师"这样所谓正向或者看上去中性的标签,也会妨碍我们全面地看到一个人。

——《非暴力沟通》(修订版)

将你的非暴力沟通时刻记录下来吧!

Nonviolent Communication 非暴力沟通

熟练运用非暴力沟通需要做到哪三点?

第一点,保持精神纯粹,我们要清楚地知道我们想要怎样与他人建立联系。

第二点,练习,练习,再练习。

第三点,加入一个非暴力沟通支持社区真的会很有帮助。

——《非暴力沟通·两性篇》

记录你的非暴力沟通　　今日

Nonviolent Communication 非暴力沟通

对大部分人来说,观察他人而不做任何评判、批判或分析是很困难的。

——《非暴力沟通》(修订版)

今天你的非暴力沟通希望记录下什么呢?

Nonviolent Communication 非暴力沟通

非暴力沟通需要我们慢慢来，使沟通是来自我们的神圣能量，而不是在我们的文化中习得的模式。

——《用非暴力沟通化解冲突》

将你的非暴力沟通时刻记录下来吧!

Nonviolent Communication 非暴力沟通

在非暴力沟通中，所谓"哀悼"（mourning）是充分连结未被满足的需要以及因为自认为做得不够完美而引发的感受。哀悼，让我们不再以指责或怨恨自己的方式来经验后悔，而是帮助我们从中学习。

——《非暴力沟通》（修订版）

记录你的非暴力沟通　　今日

Nonvolent Communication 非暴力沟通

10

请求

使用正向具体的语言提出请求。

表达自己
我可以试试……吗?

倾听对方
你愿意试试……吗?

复盘一下你本周提出的请求吧。

今天你的非暴力沟通希望记录下什么呢？

Nonvielent Communication 非暴力沟通

　　充分地表达愤怒并不意味着我仅仅只是去表达愤怒背后的那些深层次的感受,而是要让对方可以理解到这些感受。

　　　　　　——《非暴力沟通·情绪篇》

将你的非暴力沟通时刻记录下来吧!

Nonviolent Communication 非暴力沟通

12

　　当我们将注意力放在需要上,自然就能激发出充满创造力的可能性来满足需要。相反,如果以道德评判来谴责自己,我们不仅难以看到这些可能性,而且容易陷入自我惩罚的状态。

——《非暴力沟通》(修订版)

记录你的非暴力沟通　　今日

Nonviolent Communication 非暴力沟通

13

　　无条件的爱需要的是,无论人们的行为如何,他们都相信可以从我们这里得到具有一定品质的理解。

——《非暴力沟通·养育篇》

今天你的非暴力沟通希望记录下什么呢?

Nonviolent Communication 非暴力沟通

14

要善意地对待自己,关键在于带着同理心拥抱两个"自己":对过去的行为感到懊恼的自己以及当初做了那件事的自己。

——《非暴力沟通》(修订版)

将你的非暴力沟通时刻记录下来吧!

Nonviolent Communication 非暴力沟通

15

充分地表达愤怒,意味着把我们的整个意识放在未能得到满足的需要上。

——《非暴力沟通·情绪篇》

记录你的非暴力沟通　　今日

Nonvighlent Communication 非暴力沟通

16

相比形容感受的词汇数量,我们用来评论他人的词汇通常要多得多。

——《非暴力沟通》(修订版)

今天你的非暴力沟通希望记录下什么呢?

Nonviolent Communication 非暴力沟通

17

观察

不带评论的观察是人类智力的最高形式。

表达自己
我看到或听到……

复盘一下你本周做出的观察吧。

倾听对方
你看到或听到……

将你的非暴力沟通时刻记录下来吧!

Nonviolent Communication 非暴力沟通

18

惩罚无法为任何人带来好处。我们希望人们改变自己的行为,但不是因为他们害怕继续这样做会受到惩罚,而是因为他们看到了其他的选择,能够以更低的代价,更好地满足自己的需要。

——《用非暴力沟通化解冲突》

记录你的非暴力沟通　　今日

Nonvolent Communication 非暴力沟通

19

内在冲突往往会让人陷入抑郁状态,而我们可以用非暴力沟通来化解这些冲突。

——《非暴力沟通》(修订版)

今天你的非暴力沟通希望记录下什么呢?

Nonviolent Communication 非暴力沟通

200 天庆祝卡

今天已经是你连续记录非暴力沟通时刻的第 200 天啦!
让我们来用非暴力沟通的方式庆祝一下吧!

我想要庆祝这一时刻,因为我 (做了什么) _____,

我现在的心情是_____,

正因为我 (哪些需要) _____ 得到了满足,

我才有了这种情绪(感受)。

20

　　非暴力沟通实际上来源于我在理解爱、表达爱和践行爱方面所做的尝试。我所得出的结论是，爱不只是我们所感受到的，还是我们所表达的、所做的和所拥有的。同时，爱还是我们能够给予别人的。

——《非暴力沟通·两性篇》

将你的非暴力沟通时刻记录下来吧!

Nonviolent Communication 非暴力沟通

21

使用具体而非模糊或笼统的情绪词汇,有助于我们表达感受。类似"好"与"坏"这样的词语很难让人明白我们的实际状态。

——《非暴力沟通》(修订版)

记录你的非暴力沟通　　　今日

Nonviolent Communication 非暴力沟通

22

一旦我们的目的是要某人停止做某件事情,我们就会失去力量。如果我们真的希望有力量创造改变——无论是改变自身、改变他人,还是改变社会——我们需要出于怎样使世界变得更好的意识。我们希望人们能看到如何能更好地满足需要,而代价更小。

——《用非暴力沟通化解冲突》

今天你的非暴力沟通希望记录下什么呢？

Nonviolent Communication 非暴力沟通

23

通过"哀悼"和"自我宽恕",我们不再谴责自己,进而从中有所收获和成长,并因而获得自由。如果能时时和自己的需要相连,我们就能采取更富有创造力的行动来满足需要。

——《非暴力沟通》(修订版)

将你的非暴力沟通时刻记录下来吧！

Nonviolent Communication 非暴力沟通

24

感受 体会和表达感受能更好地与他人建立连结。

表达
自己
　　我感到……

倾听
对方
　　你感到……

复盘一下你本周体会到的感受吧。

记录你的非暴力沟通　　今日

Nonvolent Communication 非暴力沟通

25

能取得别人理解的最好方式,是同样也给予对方理解。如果我想要对方倾听我的感受和需要,我首先需要对他人进行同理倾听。

——《非暴力沟通·情绪篇》

# 今天你的非暴力沟通希望记录下什么呢?

Nonviolent Communication 非暴力沟通

26

非暴力沟通的"哀悼"和"自我宽恕"是爱自己的重要方面。此外,还有一点也很重要,那就是:觉察自己每个行为和举动背后的能量。

——《非暴力沟通》(修订版)

将你的非暴力沟通时刻记录下来吧！

Nonviolent Communication 非暴力沟通

27

出于惩罚目的使用强制力,我们的意图是给对方制造痛苦和折磨,以使他们为其所作所为而惭愧。出于保护目的使用强制力,我们的意图就只是保护。我们保护自己的需要,稍后会进行必要的沟通来教导对方,但是在那一刻,或许必须使用强制力以便保护。

——《非暴力沟通·养育篇》

记录你的非暴力沟通　　今日

Nonviolent Communication 非暴力沟通

28

我深信,出于对生命纯粹的爱,而不是出于恐惧、内疚、羞愧、义务或者职责来做出选择,是我们爱自己的重要体现。

——《非暴力沟通》(修订版)

今天你的非暴力沟通希望记录下什么呢?

Nonviolent Communication 非暴力沟通

29

当我给了其他人他们需要的同理倾听后,我发现,再让他们倾听我说的话并不是什么难事。

——《非暴力沟通·情绪篇》

将你的非暴力沟通时刻记录下来吧!

Nonviolent Communication 非暴力沟通

30

　　非暴力沟通要我们意识到的是,他人的言行举止或许会激发我们的感受,但绝非产生这些感受的原因。感受源自我们如何看待他人的言行以及我们当时的需要和期待。

——《非暴力沟通》(修订版)

记录你的非暴力沟通   今日

Nonvolent Communication 非暴力沟通

31

需要
感受源自我们如何看待他人的言行以及我们当时的需要和期待。

表达自己
因为我需要或看重……

复盘一下你本周找到的需要吧。

倾听对方
因为你需要或看重……

今天你的非暴力沟通希望记录下什么呢?

Nonviolent Communication 非暴力沟通

捌

1

一旦人们不再认为我们唯一的目标就是想改变他们,他们也就不需要抵抗这一目标,一旦他们感到自己所做的事情得到了理解,会更容易对其他可能性开放。

——《用非暴力沟通化解冲突》

将你的非暴力沟通时刻记录下来吧!

Nonviolent Communication 非暴力沟通

2

利用内疚感来推动他人的基本机制,是通过把自己的感受归咎于人来实现的。

——《非暴力沟通》(修订版)

记录你的非暴力沟通　　今日

Nonvolent Communication 非暴力沟通

3

我们通过某种方式奉献自己的时间和精力。任何时候,当你真诚地展示自己,敞开心扉,别无所求时,这本身就是一种恩赐。不指责,不批评,也不惩罚,只是告诉你自己:"这就是我,这就是我想要的,这就是我脆弱的地方。"而在我看来,这种给予就是爱的表现。

——《非暴力沟通·两性篇》

今天你的非暴力沟通希望记录下什么呢?

Nonviolent Communication 非暴力沟通

4

当我们评判、批评、分析或判断他人的言行时,实际上是在用疏离生命的方式表达自己的需要。

——《非暴力沟通》(修订版)

将你的非暴力沟通时刻记录下来吧!

Nonviolent Communication 非暴力沟通

我们如何对行为不合我意的人使用非暴力沟通？我首先用倾听的方式连接到他们的做法想要满足的需要。我会让他们知道，他们所做的事情使我的什么需要无法得到满足。然后，我们会探索其他更有效而代价更低的方式，同时满足我们双方的需要。

——《用非暴力沟通化解冲突》

记录你的非暴力沟通　　今日

Nonvoilent Communication 非暴力沟通

6

为了避免将"需要"和"策略"混为一谈,我们一定要记得,"需要"并不涉及某个人所采取的特定行动;相反,"策略"则涉及某个人可能采取的某个行动,它的形式可以是请求、诉求、愿望以及"解决方案"等。

——《非暴力沟通》(修订版)

今天你的非暴力沟通希望记录下什么呢?

Nonviolent Communication 非暴力沟通

7

请求

使用正向具体的语言提出请求。

表达自己
我可以试试……吗?

复盘一下你本周提出的请求吧。

倾听对方
你愿意试试……吗?

将你的非暴力沟通时刻记录下来吧!

Nonviolent Communication 非暴力沟通

若不知道如何清楚直接地表达自己的需要，而只是分析对方的问题，就会让对方认为遭受到了批评，我们就把自己一步步推向了战争。

——《非暴力沟通》（修订版）

记录你的非暴力沟通　　今日

Nonvolent Communication 非暴力沟通

9

要用非暴力沟通来化解冲突,我们需要训练自己——无论他人用什么方式来表达,都能听见那背后的需要。如果我们真的想支持他人,就要先学习将任何信息翻译为需要。

——《非暴力沟通》(修订版)

今天你的非暴力沟通希望记录下什么呢?

Nonviolent Communication 非暴力沟通

10

沉默、否定、评判、肢体语言或请求等都是"信息"的不同呈现形式。我们要磨练的技巧是聆听每个信息中所隐含的需要,即使一开始是通过猜测。

——《非暴力沟通》(修订版)

将你的非暴力沟通时刻记录下来吧!

Nonviolent Communication 非暴力沟通

    当我们陷在批判、指责或愤怒中时,很难为自己建立一个健康的内在环境。非暴力沟通鼓励我们关注什么是自己真正想要的,而不是自己或他人有什么问题。

——《非暴力沟通》(修订版)

记录你的非暴力沟通　　今日

Nonviolent Communication 非暴力沟通

12

只要我们能表明这是双方的需要,这是现有的资源,我们可以做什么来满足这些需要,冲突就可以轻而易举地得到化解。

——《非暴力沟通》(修订版)

今天你的非暴力沟通希望记录下什么呢?

Nonviolent Communication 非暴力沟通

13

当我们清楚地知道自己的行动是为了滋养生命,当我们做事的动机纯粹只是为了让自己和他人的生命变得更加美好,即使工作辛苦,我们也会乐在其中。

——《非暴力沟通》(修订版)

将你的非暴力沟通时刻记录下来吧!

Nonviolent Communication 非暴力沟通

14

观察

不带评论的观察是人类智力的最高形式。

表达自己

我看到或听到……

复盘一下你本周做出的观察吧。

倾听对方

你看到或听到……

记录你的非暴力沟通　　今日

Nonvolent Communication 非暴力沟通

15

使用"我感觉……,是因为我……"这样的句式来提醒我们,我们能够感觉到这一点,并不是因为他人的行为,而是因为我们自己做出的选择。

——《非暴力沟通·情绪篇》

今天你的非暴力沟通希望记录下什么呢?

Nonviolent Communication 非暴力沟通

16

当犯了错误时,我们可以运用非暴力沟通的"哀悼"与"自我宽恕"来看清个人可以成长的方向,而不会陷入对自己的道德评判。

——《非暴力沟通》(修订版)

将你的非暴力沟通时刻记录下来吧!

Nonviolent Communication 非暴力沟通

出于保护目的使用强制力,我们的意图不是控制孩子,而是控制客观环境,以便保护我们的需要,直到能够与对方进行十分必要的、有品质的沟通。

——《非暴力沟通·养育篇》

记录你的非暴力沟通　　今日

Nonviolent Communication 非暴力沟通

18

当我们评价自己的行为时,若着眼于"有哪些未被满足的需要",我们的改变就能不受羞愧、内疚、愤怒或压抑所驱动,而是由衷地想要对自己和他人的幸福做出贡献。

——《非暴力沟通》(修订版)

今天你的非暴力沟通希望记录下什么呢?

Nonviolent Communication 非暴力沟通

19

对我而言,通过了解我们的需要是什么,我们可以最大限度地把握我们当下的生活。你可以问问自己:"在这种情况下,你的需要是什么?"

——《非暴力沟通·情绪篇》

将你的非暴力沟通时刻记录下来吧！

Nonviolent Communication 非暴力沟通

20

　　当我们通过评判、判断和想象等方式间接地表达自己的需要时，他人很容易认为我们在批评他们，并随之启动自我辩护和反抗。

——《非暴力沟通》（修订版）

记录你的非暴力沟通　　今日

Nonviolent Communication 非暴力沟通

21

感受

体会和表达感受能更好地与他人建立连结。

表达自己
我感到……

倾听对方
你感到……

复盘一下你本周体会到的感受吧。

今天你的非暴力沟通希望记录下什么呢？

Nonviolent Communication 非暴力沟通

22

非暴力沟通需要一种"对需要的觉察"。它要我们觉察到,所有的指责和评判都会阻碍学习,让人很难学会以更有效且代价更小的方式生活。

——《用非暴力沟通化解冲突》

将你的非暴力沟通时刻记录下来吧!

Nonviolent Communication 非暴力沟通

23

我们越能直接说出感受以及相关联的需要,他人就越有可能对我们做出善意的回应。

——《非暴力沟通》(修订版)

记录你的非暴力沟通　　今日

Nonviolent Communication 非暴力沟通

24

带着同理心去倾听他人,与他们的内心联系在一起,不做任何评判,这就是一份礼物。当我们尝试去倾听别人的心声和他们的需要时,这也是一种礼物。当我们以这种方式与人交流时,不可思议的事情就会发生。

——《非暴力沟通·两性篇》

今天你的非暴力沟通希望记录下什么呢?

Nonviolent Communication 非暴力沟通

25

当需要未能得到满足时,我们习惯于认为是他人的错。

——《非暴力沟通》(修订版)

将你的非暴力沟通时刻记录下来吧!

Nonviolent Communication 非暴力沟通

26

"不采取行动的愿景只是梦想。没有愿景的行动只是在虚耗时间。愿景加上行动,就能改变世界。"

——《用非暴力沟通化解冲突》

记录你的非暴力沟通　　今日

Nonvolent Communication 非暴力沟通

27

　　在日常生活中,有觉知地根据需要和价值观来选择行动,而不是为了履行职责、获得外在的奖励,或是逃避内疚、羞愧和惩罚,我们便是在培养对自己的爱。

——《非暴力沟通》(修订版)

今天你的非暴力沟通希望记录下什么呢？

Nonviolent Communication 非暴力沟通

28

需要

感受源自我们如何看待他人的言行以及我们当时的需要和期待。

表达自己
因为我需要或看重……

复盘一下你本周找到的需要吧。

倾听对方
因为你需要或看重……

将你的非暴力沟通时刻记录下来吧!

Nonviolent Communication 非暴力沟通

29

当我与自己的需要相连接的时候,我会有强烈的感受,但这不会是愤怒。我将一切愤怒视为与生活疏离的、暴力的、挑衅性的思维方式的结果。

——《非暴力沟通·情绪篇》

记录你的非暴力沟通　　今日

Nonviolent Communication 非暴力沟通

30

探索"愤怒"是我们深入学习非暴力沟通的独特机会。这个过程聚焦了非暴力沟通的许多方面,让我们清楚地了解非暴力沟通与其他沟通形式的关键区别。

——《非暴力沟通》(修订版)

今天你的非暴力沟通希望记录下什么呢?

Nonviolent Communication 非暴力沟通

31

我常对来参加工作坊的家长们说,地狱就是,有孩子,并且认为存在"好家长"这么一回事儿。这就意味着,每当我们不够完美时,我们就会责怪和抨击自己,而我们的孩子却不会从中受益。

——《非暴力沟通·养育篇》

将你的非暴力沟通时刻记录下来吧！

Nonviolent Communication 非暴力沟通

玖

初次听到"非暴力沟通"时，人们也许会感到不安，担心自己的愤怒被视为负面情绪，需要被洗涤和净化。幸运的是，非暴力沟通并不鼓励我们忽视、否定或压抑愤怒，而是通过了解让我们愤怒的核心本质来充分且诚挚地表达自己。

——《非暴力沟通》（修订版）

记录你的非暴力沟通　　今日

Nonviolent Communication 非暴力沟通

    我认为,任何的杀戮、责备他人、伤害他人的行为,都是我们对愤怒非常浅陋的表达方式。

——《非暴力沟通·情绪篇》

今天你的非暴力沟通希望记录下什么呢?

Nonviolent Communication 非暴力沟通

在我们身处的世界中,我们时常会因为袒露自身需要而遭到强烈的评判,因而对表达需要感到害怕。

——《非暴力沟通》(修订版)

将你的非暴力沟通时刻记录下来吧!

Nonvioent Communication 非暴力沟通

请求

使用正向具体的语言提出请求。

表达
自己

我可以试试……吗?

复盘一下你本周提出的请求吧。

倾听
对方

你愿意试试……吗?

记录你的非暴力沟通　　今日

Nonviolent Communication 非暴力沟通

5

所有的批评、评判、敌对的形象，其实都是对未满足需要的悲剧的、自杀式的表达。

——《用非暴力沟通化解冲突》

今天你的非暴力沟通希望记录下什么呢?

Nonviolent Communication 非暴力沟通

长期以来,女性的形象就与照顾他人、自我牺牲和压抑需要相连。在社会文化的熏陶之下,女性也已经把照顾他人视为自己的最高职责,因而学会了无视自己的需要。

——《非暴力沟通》(修订版)

将你的非暴力沟通时刻记录下来吧!

Nonviolent Communication 非暴力沟通

7

当对方可能并没有以一种特别尊重的方式来对待我们时,我们想要和他们建立联系,但我们又不想因为他们的处事方式而受到困扰,同时我们也想保持自我,那该怎么做呢?我的建议是,用非暴力沟通这种坚定而自信的语言来实现:大声地表达自己,并且清楚地知道自己的感受是什么、自己的需要是什么、自己想从对方那里得到什么。

——《非暴力沟通·两性篇》

记录你的非暴力沟通　　今日

Nonvolent Communication 非暴力沟通

听到不中听的话时,我们可以有四种选择来接收:1. 指责自己;2. 指责他人;3. 体会自己的感受与需要;4. 体会他人在消极的话语下隐藏着什么感受与需要。

——《非暴力沟通》(修订版)

 今天你的非暴力沟通希望记录下什么呢?

Nonviolent Communication 非暴力沟通

　　无论是哪种层次的社会参与——即使你试图应对的是一个像政府或跨国企业那样的大型势力团体,当团体中相当多的人从根本上改变了他们看待事物的方式,当他们能看到,比起这种团体的行为,还有更有效的方式能够满足他们作为人的需要时,改变就会发生。

——《用非暴力沟通化解冲突》

将你的非暴力沟通时刻记录下来吧!

Nonviolent Communication 非暴力沟通

10

我们的思想更多地聚焦在用标签和评判来彼此伤害,以至于原本微不足道的冲突变得不可收拾。非暴力沟通能帮助我们免于掉入这样的圈套,从而达成令人满意的共识。

——《非暴力沟通》(修订版)

记录你的非暴力沟通　　今日

Nonviolent Communication 非暴力沟通

11

观察 — 不带评论的观察是人类智力的最高形式。

表达自己
我看到或听到……

复盘一下你本周做出的观察吧。

倾听对方
你看到或听到……

今天你的非暴力沟通希望记录下什么呢?

Nonviolent Communication 非暴力沟通

12

一旦冲突双方理解了彼此的需要,下一步就是寻找满足需要的策略。此时,一定要避免仓促行事,否则就可能会导致妥协和让步。而彼此若有可能真诚地达成和解,便能体验到这个过程的深度。

——《非暴力沟通》(修订版)

将你的非暴力沟通时刻记录下来吧!

Nonviolent Communication 非暴力沟通

13

双方在谈论解决方案前越能充分聆听彼此的需要,日后就越有可能更好地遵守彼此的约定。找到了满足所有需要的行动策略,化解冲突的过程才真正结束。用清晰的、此刻可回应的、正向行动的语言来表述策略,冲突才能走向和解。

——《非暴力沟通》(修订版)

记录你的非暴力沟通　　今日

Nonviolent Communication 非暴力沟通

14

"我想请你告诉我,你是否愿意……(描述想要对方采取的行动)?"用此刻可回应的语言表达请求("你是否愿意……"),有利于双方在讨论时保持相互尊重的态度。如果对方表示不愿意,我们可以进一步了解是什么原因让他们不愿意。

——《非暴力沟通》(修订版)

今天你的非暴力沟通希望记录下什么呢?

Nonviolent Communication 非暴力沟通

15

在冲突化解中,我们更要把焦点放在自己真正"想要"的而非"不想要"的事物上。谈论我们"不想要"什么,很容易让对方感到困惑并引发抗拒心理。

——《非暴力沟通》(修订版)

将你的非暴力沟通时刻记录下来吧!

Nonviolent Communication 非暴力沟通

16

在通往情绪自由的成长道路上,许多人都会经历三个阶段:1."情绪的奴隶"——我们认为自己要为他人的感受负责;2."面目可憎"——我们拒绝考虑他人的感受或需要;3."情绪的主人"——我们全然地为自己的感受负责,同时我们也意识到,牺牲他人的福祉也无法满足自己的需要。

——《非暴力沟通》(修订版)

记录你的非暴力沟通　　今日

Nonvolent Communication 非暴力沟通

17

当我们提出一个请求时,要注意的是,无论对方是否同意,都要尊重他们的回应。

——《非暴力沟通》(修订版)

今天你的非暴力沟通希望记录下什么呢？

Nonviolent Communication 非暴力沟通

18

感受

体会和表达感受能更好地与他人建立连结。

表达自己
我感到……

倾听对方
你感到……

复盘一下你本周体会到的感受吧。

将你的非暴力沟通时刻记录下来吧!

Nonviolent Communication 非暴力沟通

19

我们希望出现改变,但不是通过破坏现有的社会结构,而是通过与这些结构中的人建立连接,找到更有效、代价更低的方法来满足他们的需要(同时也满足其他人的需要)。

——《用非暴力沟通化解冲突》

记录你的非暴力沟通　　今日

Nonvolent Communication 非暴力沟通

20

　　我们可以看到,用负向的语言提出请求通常会引发两个问题:1. 人们往往搞不清楚我们到底请求他们做什么;2. 负向的请求很容易使人产生抗拒的心理。

　　　　　　　——《非暴力沟通》(修订版)

今天你的非暴力沟通希望记录下什么呢?

Nonviolent Communication 非暴力沟通

21

在非暴力沟通中,我们会坚持自己,但不会批评他人,所以,我们用非暴力沟通语言说出的任何话语,无论如何都没有指责对方错误的意思。这里我所说的错误,可能涵盖了上千种不同的东西,如不恰当的、自私的和不敏感的等等类似的词。事实上,这可能包含了对对方进行分类或分等级等的所有词。

——《非暴力沟通·两性篇》

将你的非暴力沟通时刻记录下来吧!

Nonviolent Communication 非暴力沟通

22

人们往往使用模糊、抽象的语言来掩盖操控对方的意图。

——《非暴力沟通》(修订版)

记录你的非暴力沟通　　今日

Nonviolent Communication 非暴力沟通

23

　　当人们能够与他们的需要连接时,他们不会再被这种愤怒驱使去惩罚别人。我们的确需要对自己的需要做评估:它们是否获得了满足?但我们这样做,并不是进入头脑,把那些在某些方面没有满足我们需要的人想象成敌人和坏蛋。

——《用非暴力沟通化解冲突》

 今天你的非暴力沟通希望记录下什么呢?

Nonviolent Communication 非暴力沟通

24

在复述时,要特别注意语气。一个人在听别人反馈自己的话时,哪怕听到一点点批评或嘲讽,都会格外敏感。如果我们的语气像是在下判断,仿佛认定对方心里在想什么,这通常会让他人感到不舒服。

——《非暴力沟通》(修订版)

将你的非暴力沟通时刻记录下来吧!

Nonviolent Communication 非暴力沟通

25

需要
感受源自我们如何看待他人的言行以及我们当时的需要和期待。

表达自己
因为我需要或看重……

倾听对方
因为你需要或看重……

复盘一下你本周找到的需要吧。

记录你的非暴力沟通　　今日

Nonvilent Communication 非暴力沟通

26

为什么我们中一些人容易做出暴力反应,而另一些人则富有同理心?有三个因素对于理解这一点非常重要。这三个因素是:

- 第一,我们在接受教育的过程中学习和使用过的言辞。
- 第二,我们在这一过程中学习到的思维与沟通方式。
- 第三,我们学会的用于影响我们自己和他人的特定策略。

——《非暴力沟通·情绪篇》

今天你的非暴力沟通希望记录下什么呢?

Nonviolent Communication 非暴力沟通

27

带着觉知聆听他人的感受和需要时,我们的语气是探询式的,是为了确认我们的理解是否到位,而不是在下结论。

——《非暴力沟通》(修订版)

将你的非暴力沟通时刻记录下来吧!

Nonviolent Communication 非暴力沟通

28

我们希望人们知道如何在人际关系中创造和平——并且认识到,他们有力量建立起这样的机构,来支持慈悲的人际互动、慈悲的资源交换,以及慈悲的正义。

——《用非暴力沟通化解冲突》

记录你的非暴力沟通　　今日

Nonviolent Communication 非暴力沟通

29

当我们专注于话语背后的感受和需要时,就再也听不到任何批评、攻击、辱骂和评判了。

——《非暴力沟通》(修订版)

 今天你的非暴力沟通希望记录下什么呢?

Nonviolent Communication 非暴力沟通

30

　　当我们利用非暴力沟通管理愤怒的时候,我们想要做的,是更为深刻地理解愤怒。我们愤怒的根源是那些未能获得满足的需要,我们应该看一看,我们愤怒时到底发生了什么、有何需求未得到满足、如何才能让我们的需要得到满足。

——《非暴力沟通·情绪篇》

将你的非暴力沟通时刻记录下来吧!

Nonvolent Communication 非暴力沟通

拾

　　人们习惯于使用含糊、抽象的语言将自己的愿望暗示给他人,却不提及希望对方采取哪些具体的行动。

　　　　　　——《非暴力沟通》(修订版)

记录你的非暴力沟通　　今日

Nonvilent Communication 非暴力沟通

2

请求

使用正向具体的语言提出请求。

表达自己
我可以试试……吗?

复盘一下你本周提出的请求吧。

倾听对方
你愿意试试……吗?

今天你的非暴力沟通希望记录下什么呢?

Nonviolent Communication 非暴力沟通

3

当人们与愤怒、挫折和暴力背后的需要相连接时,他们就会进入一个完全不同的世界,进入十三世纪苏菲派神秘主义诗人鲁米所描述的世界:"在对与错的区分之外,有片田野,我将在那里与你相会。"

——《用非暴力沟通化解冲突》

将你的非暴力沟通时刻记录下来吧!

Nonviolent Communication 非暴力沟通

4

我们越是清楚自己想要什么,就越是能够实现所想。

——《非暴力沟通》(修订版)

记录你的非暴力沟通　　今日

Nonvoilent Communication 非暴力沟通

在非暴力沟通中,我们要学会如何坚定而且自信地说出我们心中的想法,但也要懂得很好的说话技巧。我们会以非暴力沟通的方式坚定地告诉别人我们希望他们怎么做,但同时,我们会把它作为对他们的一种请求,而不是命令。因为,当人们从我们的话语中听到批评或者要求时,某种程度上他们会觉得我们只重视自己的需要而不重视他们的需要。

——《非暴力沟通·两性篇》

今天你的非暴力沟通希望记录下什么呢?

Nonviolent Communication 非暴力沟通

1934年10月6日
马歇尔·卢森堡博士诞生

在使用非暴力沟通时,我们需要清楚自己希望对方给予什么样的回应,并且清晰地提出相应的请求。

——《非暴力沟通》(修订版)

将你的非暴力沟通时刻记录下来吧!

Nonviolent Communication 非暴力沟通

7

"和平是一个每天、每周、每月的过程,逐渐改变观念,慢慢消除障碍,静静地建立新的结构。无论追求和平的过程是多么平淡无奇,我们必须坚持下去。"(约翰·F.肯尼迪)

——《用非暴力沟通化解冲突》

记录你的非暴力沟通　　今日

Nonvoilent Communication 非暴力沟通

在团体中发言时,更要说清楚我们希望得到什么样的回应,否则对话很可能不着边际、徒劳无功,也无法满足任何人的需要。

——《非暴力沟通》(修订版)

今天你的非暴力沟通希望记录下什么呢?

Nonviolent Communication 非暴力沟通

9

观察

不带评论的观察是人类智力的最高形式。

表达自己
我看到或听到……

倾听对方
你看到或听到……

复盘一下你本周做出的观察吧。

将你的非暴力沟通时刻记录下来吧!

Nonviolent Communication 非暴力沟通

10

非暴力沟通告诉我们,无论你对个体还是群体讲话,不管你说了什么,一定要在结尾时清楚提出你希望得到什么回应:你的请求是什么?只说出你的痛苦或想法,却没有提出明确的请求,很可能只会引发毫无成效的讨论。

——《用非暴力沟通化解冲突》

记录你的非暴力沟通　　今日

Nonviolent Communication 非暴力沟通

11

非暴力沟通教导我们如何专注在自己及他人心底真正的渴望上,摆脱在自己或他人身上纠错的习惯,从而创造更加和平的心境。心理辅导与治疗的专业人士也可以用非暴力沟通与来访者建立真诚的关系。

——《非暴力沟通》(修订版)

 今天你的非暴力沟通希望记录下什么呢?

Nonviolent Communication 非暴力沟通

12

对每个人来说最美妙的感觉,是当我们看到自己有能力丰富他人的生活时所感受到的那种快乐。我看到每一个自愿给予的人都是由衷感到快乐的。我相信,只要人们相信我并不是在试图强迫他们做任何事情,这一切就会实现。只要我们都继续分享我们的感受和需要,我们就能将非暴力沟通之舞不断地跳下去。

——《非暴力沟通·两性篇》

将你的非暴力沟通时刻记录下来吧!

Nonviolent Communication 非暴力沟通

13

如果人们因为没答应我们的请求而受到责罚,他们就会将我们的"请求"视为"要求"。

——《非暴力沟通》(修订版)

记录你的非暴力沟通　　今日

Nonvelent Communication 非暴力沟通

14

　　我们练习怎样听到隐藏在官话背后的需要，怎样看到一个活生生的人，并为之建立连接，增强我们与那人合力促进社会参与的力量。

——《用非暴力沟通化解冲突》

今天你的非暴力沟通希望记录下什么呢?

Nonviolent Communication 非暴力沟通

15

　　在听见要求时,一个人通常只能看到两种选择:屈服或者反抗。无论如何,只要人们认为我们在强迫他们,就很难友善地回应我们的请求。

——《非暴力沟通》(修订版)

将你的非暴力沟通时刻记录下来吧！

Nonviolent Communication 非暴力沟通

16

感受
体会和表达感受能更好地与他人建立连结。

表达自己
我感到……

倾听对方
你感到……

复盘一下你本周体会到的感受吧。

记录你的非暴力沟通　　今日

Nonvialent Communication 非暴力沟通

17

我不敢说如果我们改变,事情是否会变得更好;但我可以确定,如果事情要变得更好,我们必须做出改变。(乔治·利希滕伯格)

——《用非暴力沟通化解冲突》

今天你的非暴力沟通希望记录下什么呢?

Nonviolent Communication 非暴力沟通

18

要让他人明白我们提出的是真正的请求,最重要的沟通方式是,即便在他人拒绝时,我们也能同理他们的感受和需要。

——《非暴力沟通》(修订版)

将你的非暴力沟通时刻记录下来吧!

Nonviolent Communication 非暴力沟通

19

　　每当我发现在评判自己或他人时,我都会记录下来是什么刺激我去这样做的。我做了什么?别人说了什么或做了什么使我突然之间放弃了非暴力沟通,并让自己重新陷入评判中?之后,我试着让自己去对当时我所经历的痛苦表示理解,我试着去倾听当时是什么样的痛苦导致我以那样的方式去说话的。然后,我会问自己:对方当时的感受和需要可能是什么?

——《非暴力沟通·两性篇》

记录你的非暴力沟通　　今日

Nonviolent Communication 非暴力沟通

20

我们选择"请求"而非"要求",并不意味着在他人说"不"时,我们就只能放弃自己的诉求。选择请求意味着,我们首先同理他人为什么没有说"是",而不是要说服他们必须答应我们。

——《非暴力沟通》(修订版)

今天你的非暴力沟通希望记录下什么呢？

Nonviolent Communication 非暴力沟通

21

在社会参与中应用非暴力沟通的一种方法是,我们在会议中可以更有效率,不要说个不停,而是在谈话中创造一种流动,让对方可以告诉你,他们需要知道什么来决定我们是否可以合作。

——《用非暴力沟通化解冲突》

将你的非暴力沟通时刻记录下来吧！

Nonviolent Communication 非暴力沟通

22

要表达真正的请求，我们还需要知道请求的目的是什么。如果只是为了改变他人来寻求自己的利益，那么，非暴力沟通并不是一个适当的工具。

——《非暴力沟通》（修订版）

记录你的非暴力沟通　　今日

Nonviolent Communication 非暴力沟通

23

需要
感受源自我们如何看待他人的言行以及我们当时的需要和期待。

表达自己
因为我需要或看重……

复盘一下你本周找到的需要吧。

倾听对方
因为你需要或看重……

今天你的非暴力沟通希望记录下什么呢?

Nonviolent Communication 非暴力沟通

24

我们要学着如何用非暴力沟通去面对那些反对我们目标的人,他们也许无法清楚表达感受和需要。我们需要知道,如何在对抗情况下听到人们的感受和需要,无论他们以何种方式表达。

——《用非暴力沟通化解冲突》

将你的非暴力沟通时刻记录下来吧!

Nonviolent Communication 非暴力沟通

25

在沟通中对意图保持觉知是不容易的,尤其是父母、教师、管理人员,还有那些在工作中以影响和改变他人为目标的人们。

——《非暴力沟通》(修订版)

记录你的非暴力沟通　　今日

Nonviolent Communication 非暴力沟通

26

所有暴力的根源都是人们不知道该怎样和自己的内心感受建立联系。在这个过程中,人们不会发现对方言语背后那些没有能力表达的痛苦、恐惧以及没有得到满足的需要,这其实是一种非常危险的现象,也是非暴力沟通者致力于只去倾听各种辱骂背后的痛苦和需要,而不去接受,也不以同样的方式加以回应的原因。

——《非暴力沟通·两性篇》

今天你的非暴力沟通希望记录下什么呢?

Nonviolent Communication 非暴力沟通

27

有些时候,即使我们带着非暴力沟通的意图和关爱提出请求,有些人仍然会把它看成要求。特别当我们处于在权力上强势的一方,而对方恰恰曾受过来自权威的威逼压迫。

——《非暴力沟通》(修订版)

将你的非暴力沟通时刻记录下来吧!

Nonviolent Communication 非暴力沟通

300 天庆祝卡

今天已经是你连续记录非暴力沟通时刻的第 300 天啦!
让我们来用非暴力沟通的方式庆祝一下吧!

我想要庆祝这一时刻,因为我(做了什么)_____,

我现在的心情是_____,

正因为我(哪些需要)_____得到了满足,

我才有了这种情绪(感受)。

28

用非暴力沟通的方法和意识来辅导他人时，我们和对方创造的是真诚、坦率和双向的关系，而不是和对方保持情感上的距离，也不是在诊断对方，或是摆出一副高高在上的专业辅导者姿态。

——《非暴力沟通》（修订版）

记录你的非暴力沟通　　今日

Nonviolent Communication 非暴力沟通

29

在提出请求时,我们要尽力避免模糊、抽象或模棱两可的语言,说明我们要什么,而不是不要什么。

——《非暴力沟通》(修订版)

今天你的非暴力沟通希望记录下什么呢?

Nonviolent Communication 非暴力沟通

30

请求
使用正向具体的语言提出请求。

表达自己
我可以试试……吗?

倾听对方
你愿意试试……吗?

复盘一下你本周提出的请求吧。

将你的非暴力沟通时刻记录下来吧!

Nonviolent Communication 非暴力沟通

31

"它变拥有为富足。它变拒绝为接受,变混乱为秩序,变困惑为清晰。它会变饭食为盛宴,变房屋为家,变陌生人为朋友。感恩让过往充满意义,为今天带来平和,使明天充满憧憬。"(梅洛迪·贝蒂)

——《用非暴力沟通化解冲突》

记录你的非暴力沟通　　今日

Nonvolent Communication 非暴力沟通

拾壹

非暴力沟通可以帮助我们将内心的负面信息转化成感受和需要,从而改善和自己的沟通。如果有能力做到同理自身的感受和需要,我们就可以转化抑郁情绪。

——《非暴力沟通》(修订版)

今天你的非暴力沟通希望记录下什么呢？

Nonviolent Communication 非暴力沟通

  非暴力沟通主要由两部分组成：第一部分是要向对方清楚明白地传达有关观察、感受、需要、请求这四个方面的内容信息，但不能让对方觉得你是在批评或者要求他。第二部分则是学会去倾听对方发出的有关这四个方面的信息，而不要去关注他们是在批评你还是在以非暴力沟通的方式与你交流。

——《非暴力沟通·两性篇》

将你的非暴力沟通时刻记录下来吧!

Nonviolent Communication 非暴力沟通

3

由于我们所表达的信息与别人的理解有可能不一致,我们需要学习去发现对方是否已经准确无误地接收到了我们的信息。

——《非暴力沟通》(修订版)

记录你的非暴力沟通　　今日

Nonviolent Communication 非暴力沟通

当我们知道怎样通过某种方式表达和接受感激时,它赋予我们巨大的力量来坚持为社会参与而努力,并且是用未来能展现的美来给我们力量,而不是通过征服邪恶势力。

——《用非暴力沟通化解冲突》

今天你的非暴力沟通希望记录下什么呢?

Nonviolent Communication 非暴力沟通

在团体讨论中，更需要清楚知道和说明我们想要的回应。否则，讨论可能只是在浪费大家的时间。

——《非暴力沟通》（修订版）

将你的非暴力沟通时刻记录下来吧!

Nonviolent Communication 非暴力沟通

观察

不带评论的观察是人类智力的最高形式。

表达自己
我看到或听到……

倾听对方
你看到或听到……

复盘一下你本周做出的观察吧。

记录你的非暴力沟通　　今日

Nonviolent Communication 非暴力沟通

7

在非暴力沟通中,我们建议不要表扬或赞美。在我看来,告诉别人他们做得很好,他们很有能力……这仍然是一种道德评判。当我们使用评判的语言表扬和赞美时,这与批评别人不友好、愚蠢、自私使用的是同一种语言形式。

——《用非暴力沟通化解冲突》

今天你的非暴力沟通希望记录下什么呢?

Nonviolent Communication 非暴力沟通

8

一旦人们认为不答应我们的请求就会受到责罚,"请求"就成了"要求"。

——《非暴力沟通》(修订版)

将你的非暴力沟通时刻记录下来吧!

Nonviolent Communication 非暴力沟通

当对方指责你,说"你的问题在于_____"时,通过非暴力沟通这对耳朵,我听到的是"我希望你能_____"。我并没有听到任何评价、批评或攻击。指责的表达方式通常说明表达者的需要没有得到满足,这会导致各种紧张局面相继出现。而非暴力沟通能帮助我们越过这个坎儿。因为我们从来听不见批评,我们听到的永远只有对方未得到满足的需要。

——《非暴力沟通·两性篇》

记录你的非暴力沟通　　今日

Nonviolent Communication 非暴力沟通

10

为了让人们信任我们所提出的是"请求"而非"要求",可以清楚地表明我们希望人们出于自愿来满足请求。

——《非暴力沟通》(修订版)

今天你的非暴力沟通希望记录下什么呢?

Nonvivolent Communication 非暴力沟通

11

惩罚和表扬都是操控他人的手段。在非暴力沟通中,我们希望增强力量,指的是与人协作的力量,而非操控他们的力量。

——《用非暴力沟通化解冲突》

将你的非暴力沟通时刻记录下来吧!

Nonviolent Communication 非暴力沟通

12

非暴力沟通的意图不是为了改变他人来满足自己,而是帮助双方建立坦诚和有同理心的关系,最终每个人的需要都能得到满足。

——《非暴力沟通》(修订版)

记录你的非暴力沟通　　今日

Nonvolent Communication 非暴力沟通

13

感受 体会和表达感受能更好地与他人建立连结。

表达自己
我感到……

倾听对方
你感到……

复盘一下你本周体会到的感受吧。

 今天你的非暴力沟通希望记录下什么呢?

Nonviolent Communication 非暴力沟通

14

如何表达感激之情？第一，说清他们的何种行为丰富了我们的生命。第二，告诉对方，他们做的事在我们心里产生了何种鲜活的感受。第三，告诉对方，他们的行为满足了我们的哪些需要。

——《用非暴力沟通化解冲突》

将你的非暴力沟通时刻记录下来吧!

Nonviolent Communication 非暴力沟通

15

　　同理意味着,以尊重的态度来了解他人的体验。

　　　　　　——《非暴力沟通》(修订版)

记录你的非暴力沟通　　今日

Nonviolent Communication 非暴力沟通

16

当你说了些什么但没有明确表达你希望从别人那里得到什么样的反馈时,这会给你们的关系带来更多的麻烦。因为此时,别人只能依靠猜测来判断你需要什么,而你自己可能都没有意识到这一点。

——《非暴力沟通·两性篇》

今天你的非暴力沟通希望记录下什么呢？

Nonviolent Communication 非暴力沟通

17

"当感官空灵时,你的生命就作为整体的存在开始倾听。如此,便能直接感知在你面前的人、事、物,这是永远无法用耳朵听见或用头脑理解的。"(庄子)

——《非暴力沟通》(修订版)

将你的非暴力沟通时刻记录下来吧!

Nonviolent Communication 非暴力沟通

18

"让我们感恩那些令我们开心的人；他们是让我们的灵魂开花的可爱园丁。"（马塞尔·普鲁斯特）

——《用非暴力沟通化解冲突》

记录你的非暴力沟通　　今日

Nonvolent Communication 非暴力沟通

19

要同理他人,必须完全卸下对他人先入为主的成见和评判,这就是与他人"同在"的状态。

——《非暴力沟通》(修订版)

 今天你的非暴力沟通希望记录下什么呢?

Nonviolent Communication 非暴力沟通

20

| 需要 | 感受源自我们如何看待他人的言行以及我们当时的需要和期待。 |

表达自己
因为我需要或看重……

复盘一下你本周找到的需要吧。

倾听对方
因为你需要或看重……

将你的非暴力沟通时刻记录下来吧!

Nonviolent Communication 非暴力沟通

21

　　我们在每一个国家中都发现,人们接受他人的感激是多么困难,因为他们接受的教育告诉他们:你应该谦逊,你不要自以为是。但有一种谦逊我认为是不适宜的,因为它让我们看不到我们的力量、我们的美。

——《用非暴力沟通化解冲突》

记录你的非暴力沟通　　今日

Nonviolent Communication 非暴力沟通

"生命中的情境虽有诸多相似之处,但每时每刻却如新生儿般,带着崭新的面孔,从未有过也永不再现。你无法提前准备如何回应,也无法停留在过去。生命呼唤着你与它同在当下,负起责任而又全心投入。"(以色列哲学家马丁·布伯)

——《非暴力沟通》(修订版)

今天你的非暴力沟通希望记录下什么呢?

Nonviolent Communication 非暴力沟通

23

　　当我们感到痛苦时,能够让另一个人了解我们的感受和需要是一件非常有价值的事情,我们可能都没想到,这种关注和理解竟然会产生如此大的作用,它虽然不能完全解决我们面临的难题,但却为我们彼此提供了一种情感联系,让我们在等待问题得到解决的过程中变得更有耐心。

——《非暴力沟通·两性篇》

将你的非暴力沟通时刻记录下来吧!

Nonviolent Communication 非暴力沟通

24

"将注意力给予受苦之人,是极其稀缺的能力,也是困难的事情。这近乎奇迹。可以说这就是奇迹。几乎所有认为自己可以做到的人,实际上并不具备这种能力。"(法国哲学家西蒙娜·薇依)

——《非暴力沟通》(修订版)

记录你的非暴力沟通　　今日

Nonviolent Communication 非暴力沟通

25

惩罚性强制力会让人产生敌意和抵触心理,还会伤害他人的善意和自尊,也会让我们只注意行为的外在后果,而忽视行为本身的价值。

——《非暴力沟通》(修订版)

今天你的非暴力沟通希望记录下什么呢?

Nonviolent Communication 非暴力沟通

26

　　同理心需要我们将注意力全然地聚焦在他人想传达的信息上,给予他人足够的时间与空间充分地表达。

——《非暴力沟通》(修订版)

将你的非暴力沟通时刻记录下来吧!

Nonviolent Communication 非暴力沟通

27

请求
使用正向具体的语言提出请求。

表达自己
我可以试试……吗?

倾听对方
你愿意试试……吗?

复盘一下你本周提出的请求吧。

记录你的非暴力沟通　　今日

Nonvolent Communication 非暴力沟通

28

非暴力沟通让我们知道,如何有勇气面对我们每个人内在的力量和美。

——《用非暴力沟通化解冲突》

今天你的非暴力沟通希望记录下什么呢?

Nonviolent Communication 非暴力沟通

29

　　如果一个人需要同理,我们却试图通过安慰或建议来"搞定"对方的问题,他人往往会感到沮丧。

——《非暴力沟通》(修订版)

将你的非暴力沟通时刻记录下来吧！

Nonviolent Communication 非暴力沟通

30

　　一些人曾经成长在一个高压的世界里。他们的父母可能会认为,让他们做事情的唯一途径就是:如果不做就惩罚他们,或让他们产生负罪感。因此,他们会真的觉得,如果不按别人要求他们的去做,内疚感或不安全感就会随之而来。让他们理解请求是礼物而不是要求,这并不容易。但当我们真的成功时,我们就可以免去很多痛苦。

——《非暴力沟通·两性篇》

记录你的非暴力沟通　　今日

Nonviolent Communication 非暴力沟通

我们常常认为要想办法解决问题或让他人好受些，但这些却恰恰阻碍了与他人同在。

——《非暴力沟通》（修订版）

今天你的非暴力沟通希望记录下什么呢？

Nonviolent Communication 非暴力沟通

2

"人类必须为所有的人际冲突发展出一种不同于报复、侵略和复仇的方式。这种方法的基础就是爱。"(马丁·路德·金)

——《用非暴力沟通化解冲突》

将你的非暴力沟通时刻记录下来吧!

Nonviolent Communication 非暴力沟通

　　同理的核心是"临在"——全然地与他人以及他们当下的体验同在。

——《非暴力沟通》（修订版）

记录你的非暴力沟通　　今日

Nonviolent Communication 非暴力沟通

4

观察
不带评论的观察是人类智力的最高形式。

表达自己
我看到或听到……

倾听对方
你看到或听到……

复盘一下你本周做出的观察吧。

今天你的非暴力沟通希望记录下什么呢？

Nonviolent Communication 非暴力沟通

5

我们每个人都能学会这么做:在我们的内在,我们如何与内在的生命连接,从我们的局限中学习,而不责备和惩罚自己。我们的培训教人们如何在内在创造和平。

——《用非暴力沟通化解冲突》

将你的非暴力沟通时刻记录下来吧!

Nonviolent Communication 非暴力沟通

6

"同理心"不同于头脑上的理解,也并非"同情"。有时我们会因为体会到他人的感受而心生同情,这时我们需要格外警惕,当我们对他人表达同情时,就不是在同理他们。

——《非暴力沟通》(修订版)

记录你的非暴力沟通　　今日

Nonviolent Communication 非暴力沟通

  如果我们戴着非暴力沟通的耳朵,我们就不会听到"拒绝"。我们知道,"不"只是一个人在不想要什么东西时做出的一种草率的表达。我们不会听到傲慢无礼,我们只是听到了对方的需要。当然,这肯定是需要练习的。

——《非暴力沟通·两性篇》

今天你的非暴力沟通希望记录下什么呢？

Nonviolent Communication 非暴力沟通

不论人们以什么样的方式来表达自己,我们都可以用心聆听他们的观察、感受、需要和请求。

——《非暴力沟通》(修订版)

将你的非暴力沟通时刻记录下来吧!

Nonviolent Communication 非暴力沟通

我们要学会，怎样与他人建立丰富生命的连接，使慈悲的给予自然地发生。

——《用非暴力沟通化解冲突》

记录你的非暴力沟通　　今日

Nonviolent Communication 非暴力沟通

10

　　如果我们习惯为他人的感受承担责任并因此而自责,那么关注他人的感受与需要则会变得非常困难。

——《非暴力沟通》(修订版)

今天你的非暴力沟通希望记录下什么呢?

Nonviolent Communication 非暴力沟通

11

感受

体会和表达感受能更好地与他人建立连结。

表达自己
我感到……

复盘一下你本周体会到的感受吧。

倾听对方
你感到……

将你的非暴力沟通时刻记录下来吧!

Nonviolent Communication 非暴力沟通

12

我们要学会,如果那些我们已经建立的机构——企业、司法、政府或者其他——不能支持我们之间和平的、丰富生命的连接,我们如何转化它们。

——《用非暴力沟通化解冲突》

记录你的非暴力沟通　　今日

Nonvolent Communication 非暴力沟通

13

复述对方的话可以让对方知道我们是否已经准确地领会了他们的意思;如果我们的复述还不到位,他人就有机会加以更正。此外,这样做还有一个好处是,给了对方一些时间来思考自己所说的话,从而有机会深入了解自己。

——《非暴力沟通》(修订版)

# 今天你的非暴力沟通希望记录下什么呢?

Nonviolent Communication 非暴力沟通

14

愤怒是一个很好的线索,对于非暴力沟通者来说,这就像是一个警钟。当我们变得愤怒或有攻击性时,或听到的是攻击、要求时,我们就应该很快意识到我们并没有听清楚对方的话,我们并没有真的去了解他们到底发生了什么事,而只是在自己的脑海里主观地评判他们哪些地方做错了。

——《非暴力沟通·两性篇》

将你的非暴力沟通时刻记录下来吧!

Nonviolent Communication 非暴力沟通

15

非暴力沟通建议我们用提问的形式来复述我们的理解,便于对方做出必要的更正。

——《非暴力沟通》(修订版)

记录你的非暴力沟通　　今日

Nonviolent Communication 非暴力沟通

16

"在非暴力冲突中,不留任何积怨,且最终敌人变成友人,这是非暴力的标志。"(圣雄甘地)
——《用非暴力沟通化解冲突》

 今天你的非暴力沟通希望记录下什么呢?

Nonviolent Communication 非暴力沟通

17

听到别人说"不"时,无须认为这是对我们的"拒绝"。对方说"不"时,是出于什么样的需要而无法答应我们的请求呢?如果我们能听见"不"背后的需要,即使对方不同意我们提出的策略,我们依然能继续沟通,将我们的注意力聚焦在找到办法满足所有人的需要上。

——《非暴力沟通》(修订版)

将你的非暴力沟通时刻记录下来吧!

Nonviolent Communication 非暴力沟通

18

需要 感受源自我们如何看待他人的言行以及我们当时的需要和期待。

表达自己
因为我需要或看重……

复盘一下你本周找到的需要吧。

倾听对方
因为你需要或看重……

记录你的非暴力沟通　　今日

Nonviolent Communication 非暴力沟通

19

用非暴力沟通化解冲突的目标并非要让对方按照我们的意愿去做。身为调解人，我们的工作不是为了实现自己的目标，而是要创造一个环境，让双方能够相互连结，表达各自的需要，理解彼此的需要，并找到策略来满足这些需要。

——《非暴力沟通》（修订版）

今天你的非暴力沟通希望记录下什么呢?

Nonviolent Communication 非暴力沟通

20

在调解冲突的过程中,我们务必做好"追踪"进程的工作——仔细注意人们所说的话,确保双方都有机会表达自己的需要,聆听对方的需要并提出请求。

——《非暴力沟通》(修订版)

将你的非暴力沟通时刻记录下来吧!

Nonviolent Communication 非暴力沟通

21

在调解冲突的过程中,我们会听到人们有许多讨论,关于过去所发生的事件以及未来所期望的改变。然而,唯有把握此时此刻才能化解冲突,因此,当下才是我们需要关注的焦点。保持对当下的觉察:此刻谁需要什么?人们此刻的请求是什么?

——《非暴力沟通》(修订版)

记录你的非暴力沟通　　今日

Nonviolent Communication 非暴力沟通

22

调节冲突有时需要角色扮演。在角色扮演时,我们不是去思考导致冲突的那些问题,而只是试着站在当事人所处的情景里,设身处地揣摩他们的感受和需要。

——《非暴力沟通》(修订版)

今天你的非暴力沟通希望记录下什么呢?

Nonviolent Communication 非暴力沟通

23

当目睹那些引发我们担忧的行为时,除非是需要采取"保护性强制力"的特殊情况,我们首先要做的是去同理他们——倾听让我们不喜欢的行为背后有什么样的需要。

——《非暴力沟通》(修订版)

将你的非暴力沟通时刻记录下来吧!

Nonvolent Communication 非暴力沟通

24

　　我们很有可能陷入一种匮乏思维，即只有自己的需要得到满足才是重要的。当匮乏思维和是非对错的思维绑在一起时，冲突似乎也会变得难以化解，除非我们能先同理对方，借此和对方建立连结，而不只是关注自己的需要。

——《非暴力沟通》（修订版）

记录你的非暴力沟通　　今日

Nonviolent Communication 非暴力沟通

25

请求
使用正向具体的语言提出请求。

表达自己
我可以试试……吗?

倾听对方
你愿意试试……吗?

复盘一下你本周提出的请求吧。

今天你的非暴力沟通希望记录下什么呢?

Nonviolent Communication 非暴力沟通

26

使用非暴力沟通来化解冲突与传统的调解方法不同。我们不去讨论事件本身、策略和妥协之道,而是首先集中注意力找到双方的需要,然后再寻求策略满足那些需要。

——《非暴力沟通》(修订版)

 将你的非暴力沟通时刻记录下来吧!

Nonvious Communication 非暴力沟通

27

  我们会先让冲突中的双方建立连结,然后确保双方都有机会充分表达自己的需要,并且也能仔细聆听对方的需要。一旦人们听见彼此的需要,就让他们清楚地提出可行的步骤来满足那些需要。我们要避免对冲突做出判断或分析,而应始终关注在需要上。

——《非暴力沟通》(修订版)

记录你的非暴力沟通　　今日

Nonviolent Communication 非暴力沟通

28

"惩罚性强制力"背后的假设是:人们做出不当行为是因为他们是坏的或邪恶的,为了纠正这种行为,必须通过惩罚使他们有所悔改。然而实际上,惩罚非但不能让人悔改和学习,反而会引发仇恨和敌意,并对他人所期待的改变心生抗拒。

——《非暴力沟通》(修订版)

今天你的非暴力沟通希望记录下什么呢?

Nonviolent Communication 非暴力沟通

29

采取"保护性强制力"的出发点是为了防止人们受伤或受到不公平的待遇;而采取"惩罚性强制力"则为了让"做错事"的人吃苦头。二者有着根本的区别。

——《非暴力沟通》(修订版)

将你的非暴力沟通时刻记录下来吧!

Nonviolent Communication 非暴力沟通

30

有无数的孩子拒绝去做那些在大人看来对他们有益的事情,他们故意选择反抗,为的就是不想屈服于父母的胁迫。即使体罚看上去达到了影响孩子的效果,却并不意味着其他方法不会同样有效。

——《非暴力沟通》(修订版)

记录你的非暴力沟通　　今日

Nonviolent Communication 非暴力沟通

31

　　我们用非暴力沟通来表达赞赏和感激时,纯粹是为了庆祝生命,不为获取任何回报。我们唯一的意图就是庆祝他人的作为如何使我们的生命变得更加丰盛。

——《非暴力沟通》(修订版)

今天你的非暴力沟通希望记录下什么呢?

Nonviolent Communication 非暴力沟通

365 天感谢卡

非暴力沟通已经陪伴你走过 365 天了,回顾以往,相信一定有很多让你记忆深刻的非暴力沟通时刻。在第 365 天到来时,让我们用非暴力沟通的方式表达一下感激,以庆祝这个特别的时刻吧!

我想要感激你,因为你(做了什么)_____,

我的感受是_____,

这让我(哪些需要)_____得到了满足。

到这里,这本由你自己创造的非暴力沟通 365 就暂告一段落了,但我们相信,你的非暴力沟通旅途到这里并不是结束,而是开始!

《非暴力沟通365》中的全部金句都出自以下这五本由马歇尔·卢森堡博士所著的非暴力沟通系列书籍

《非暴力沟通》（修订版）

《非暴力沟通·两性篇》

《非暴力沟通·情绪篇》

《用非暴力沟通化解冲突》

《非暴力沟通·养育篇》

扫描二维码即可购买

马歇尔·卢森堡
(1934-2015)

马歇尔·卢森堡博士由于在促进人类和谐共处方面的突出成就，在2006年获得了地球村基金会颁发的和平之桥奖。他早年师从心理学大师卡尔·罗杰斯，后来发展出极具启发性和影响力的非暴力沟通的原则和方法，不仅教会人们如何使个人生活更加和谐美好，同时解决了众多世界范围内的冲突和争端。

联合国教科文组织将非暴力沟通列为全球正式教育和非正式教育领域非暴力解决冲突的高效实践之一。

扫描二维码即可购买

《非暴力沟通》(修订版)
《非暴力沟通·两性篇》
《非暴力沟通·情绪篇》
《用非暴力沟通化解冲突》
《非暴力沟通·养育篇》
《非暴力沟通·食物与身体关系篇》
《非暴力沟通·团队协作篇》
《非暴力沟通·职场篇》

《非暴力沟通·"无错区"教室》
《教室里的非暴力沟通》
《非暴力沟通·亲子篇》
《非暴力沟通·丰盈生命的教育》
《非暴力沟通实践手册》
《非暴力沟通·详解篇》
《非暴力沟通·组织应用篇》

非暴力沟通365 /（美）马歇尔·卢森堡著；刘轶等译. -- 北京：华夏出版社有限公司，2022.1

书名原文：Nonviolent Communication 365

ISBN 978-7-5222-0196-2

Ⅰ.①非… Ⅱ.①马… ②刘… Ⅲ.①心理交往—通俗读物 Ⅳ.①C912.11-49

中国版本图书馆CIP数据核字(2021)第226277号

NVC 365 Calendar Translated from the Listed Works using Marshall B. Rosenberg Quotes and Phrases from Marshall B Rosenberg NVC Titles Copyright (See Listed Works), published by PuddleDancer Press. All rights reserved. Used with permission. For further information about Nonviolent Communication (TM) please visit the Center for Nonviolent Communication on the Web at: www.cnvc.org.

Simplified Chinese copyright © 2021 by Huaxia Publishing House Co., Ltd.

Listed Works:	ISBN	Published
Being Me Loving You	9781892005168 / 1892005166	May 2005
Life Enriching Education	9781892005052 / 1892005050	Sep 2003
Nonviolent Communication, 3rd Edition	9781892005281	Sep 2015
Raising Children Compassionately	9781892005090 / 1892005093	Sep 2004
Speak Peace in a World of Conflict	9781892005175 / 1892005174	Oct 2005

有关非暴力沟通的更多信息，请联系非暴力沟通中心，地址如下
Center for Nonviolent Communication (CNVC)
9301 Indian School Rd, NE, Suite 204
Albuquerque, NM 87112-2861 USA,
Website: www.CNVC.org
Email: cnvc@CNVC.org
Ph: 505-244-4041-U.S . Only 00-255-7696 - Fax: 505-247-0414

版权所有 翻印必究

非暴力沟通365

作　　者	〔美〕马歇尔·卢森堡
译　　者	刘　轶　等
责任编辑	马　颖　张雨杉
责任印制	刘　洋
版权统筹	曾方圆

出版发行	华夏出版社有限公司
经　　销	新华书店
印　　装	河北赛文印刷有限公司
版　　次	2022年1月北京第1版　2022年1月北京第1次印刷
开　　本	720×1030　1/32
印　　张	24.125
字　　数	58千字
定　　价	129.00元

华夏出版社有限公司 网址：www.hxph.com.cn 地址：北京市东直门外香河园北里4号 邮编：100028
若发现本版图书有印装质量问题，请与我社营销中心联系调换。电话：（010）64663331（转）